冰雪运动之科学原理大揭秘

科技馆里
看冰雪运动

中国科学技术馆　组织编写

全国百佳图书出版单位

化学工业出版社

·北 京·

图书在版编目（CIP）数据

冰雪运动之科学原理大揭秘：科技馆里看冰雪运动 / 中国科
学技术馆组织编写. — 北京：化学工业出版社，2022.6
ISBN 978-7-122-40997-3

I. ①冰… II. ①中… III. ①冬季奥运会–基本知识
IV. ①G811.212

中国版本图书馆CIP数据核字（2022）第052428号

责任编辑：王　雪　宋　娟
文字编辑：李锦侠
责任校对：赵懿桐
装帧设计：尹琳琳　梁　潇

出版发行：化学工业出版社
　　　　　（北京市东城区青年湖南街13号　邮政编码100011）
印　　装：涿州市般润文化传播有限公司
787mm×1092mm　1/16　印张10$\frac{1}{2}$　字数125千字
2023年2月北京第1版第1次印刷

购书咨询：010-64518888
售后服务：010-64518899
网　　址：http://www.cip.com.cn
凡购买本书，如有缺损质量问题，本社销售中心负责调换。

定　　价：128.00元　　　　　　　版权所有　违者必究

目录

大家好，现在由科小贝在中国科技馆里连线冰雪运动的比赛现场，带大家认识这些冰雪运动项目，了解项目背后的科学原理。

第一站
冰上运动项目

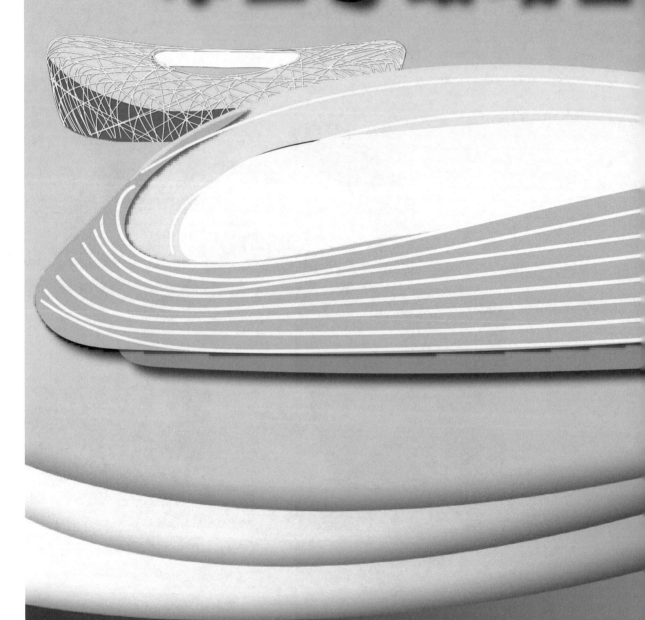

第一站，让我们跟随科小贝来到冰上运动项目的比赛场地。

在冰上比赛的项目有短道速滑、速度滑冰、花样滑冰、冰球和冰壶。

现在，我们来到了冰上项目比赛场地，冰上项目和雪上项目不同，需要在人工搭建的专业室内场馆里完成，并且大多数冰上项目需要借助冰刀。

短道速滑是运动员之间的速度比拼，运动员要在长度较短的跑道上进行冰上竞速，考验的是运动员直道滑行和弯道滑行的技术。

短道速滑起源于加拿大。当时加拿大的一些速度滑冰爱好者常到室内冰球场上练习，随之诞生了室内速度滑冰比赛。短道速滑虽是在室内冰球场进行的速度滑冰比赛，是速度滑冰发展演变的分支，但已自成独立的竞赛项目。1988年，第十五届冬季奥林匹克运动会将其列为表演项目；1992年，第十六届冬奥会将其列为正式比赛项目。

短道速滑

于悦悦

短道速滑的装备包括滑冰服、护颈、手套、头盔、滑冰鞋和冰刀。

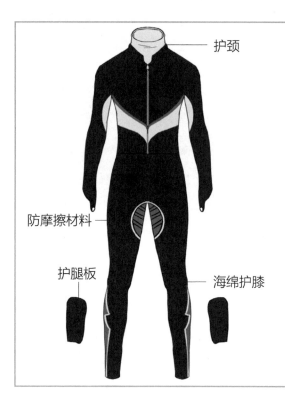

护颈

防摩擦材料

护腿板

海绵护膝

滑冰服

滑冰服采用高弹力材料制成，能够紧紧地包裹运动员的身体，帮助运动员提升滑行速度。同时，在人体关键的部位，如大腿内侧、脚踝，使用防切割材料，防止运动员在比赛中被冰刀划伤。滑冰服大腿内侧部位的浅色横条为防摩擦材料，能使运动员在换腿滑行时减小大腿间的摩擦力。滑冰服还有护腿板和护膝，保护运动员的胫骨和膝盖。

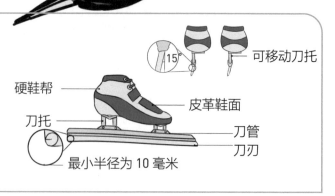

滑冰鞋

短道速滑的滑冰鞋要求质量轻、质地硬、鞋帮高。硬鞋帮起到固定脚踝的作用，分担脚部的受力。短道速滑的冰刀并不是固定在正中的，而是具有一定的倾斜角度，有利于运动员转弯滑行。

15°

可移动刀托

硬鞋帮

皮革鞋面

刀托

刀管

刀刃

最小半径为 10 毫米

圆滑形状

碳纤维材料

头盔

头盔的质量要求很高，它必须是规则的形状。头盔一般采用碳纤维材料制成，质量较轻。当运动员头部发生碰撞时，头盔会自动裂开以吸收冲击力，减小对运动员头部的碰撞力。

手指扣

涂防水胶

防切割材料

手套

短道速滑运动员在高速过弯道时一般会用左手扶冰面，所以左手手套会加固一层涂有树脂或胶质保护层的手指扣，以减小运动员在弯道扶冰过程中的摩擦力。手套采用防切割材料制成，并在手掌内侧涂一层防水胶，以免手套被冰刀割裂或被冰层弄湿。

选取场地

　　短道速滑比赛均在室内冰球场上进行，使用椭圆形的跑道，跑道周长为 111.12 米，直道长 28.85 米，直道宽不少于 7 米，弯道最小半径为 8 米，弯道弧顶标志物到界墙的距离不少于 4 米。

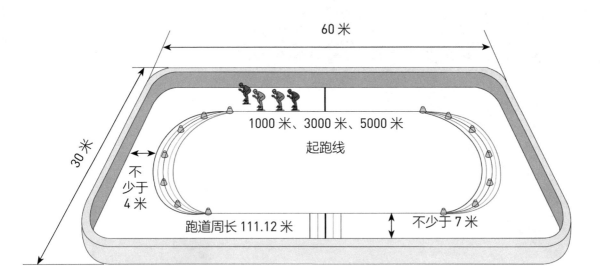

看懂输赢

　　短道速滑分为男子个人赛、女子个人赛和团体赛。男子个人赛、女子个人赛项目均包括 500 米、1000 米及 1500 米 3 项。男女团体比赛项目均需要 4 名队员接力完成，队员之间在接力点完成推送动作，视为完成接力。短道速滑运动以完成规定的滑行距离用时短者为优胜。

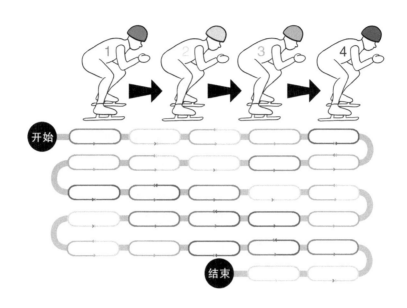

1号运动员滑行圈 ⬭ 2号运动员滑行圈
3号运动员滑行圈 ⬭ 4号运动员滑行圈

以接力 3000 米，滑行 20 圈为例

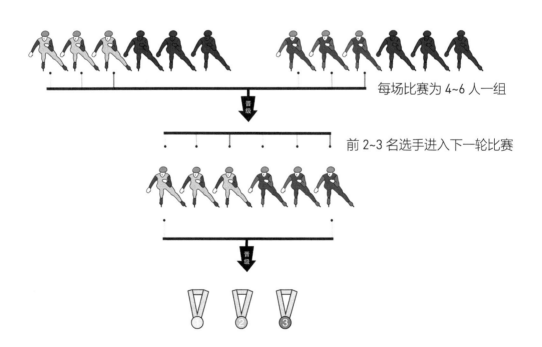

每场比赛为 4~6 人一组

前 2~3 名选手进入下一轮比赛

我们发现，冰上运动项目中短道速滑、速度滑冰、花样滑冰、冰球都需要借助冰刀鞋，这是为什么呢？冰刀鞋有什么作用呢？

冰刀鞋有什么作用呢？

其乐无穷

看似习以为常的现象，其实背后都有科学支撑，冰刀鞋的作用看似简单，背后又有什么科学原理呢？我们带着这些疑问来到中国科技馆，找找看有没有展品可以提供答案。

在中国科技馆主展厅二层探索与发现 A 厅，有一件展品叫作分子的运动。这件展品展示了物质的三种形态——固态、液态、气态下物质内分子的运动状态。

展品"分子的运动"

　　展品上方是一个透明罩子，罩子里面包含很多小球，模拟物体的分子结构，展品设有一根滑杆，推动滑杆，可模拟温度变化。通过操作发现，物体内的分子基本上是自由随机运动的，当分子间发生碰撞后才会改变运动的方向和速度。同时，当物体温度升高时，物体内分子的运动会更加剧烈。

原来如此

　　在不同的温度下，物体的形态会发生变化，物体吸收热量，会从固态转变为液态，物体继续吸收热量，会从液态转变为气态。也就是说，不同形态的物体内分子运动的剧烈程度不同，物体在固体状态下分子运动得最缓慢，在气体状态下分子运动得最剧烈，在液体状态下分子运动的快慢较居中。

　　这和滑冰运动员的冰刀鞋有什么关系呢？原来，在短道速滑比赛中，速度越快，对运动员越有利，所以在运动员滑行的过程中要减小滑行时的摩擦力，也就是冰刀和冰面之间的滑动摩擦力。所以冰刀都比较锋利，这样可以减小冰刀和冰面的接触面积，进而减小滑动摩擦力。同时，在滑行过程中，冰刀不断和冰面碰撞，撞击冰面里静止的分子，分子被撞击后获得了动能，获得动能的分子又会与周围的其他分子相互碰撞。由于分子间的碰撞非常频繁，撞击方向又是随机的，所以冰面里的分子就会获得越来越大的动能，也就是热运动动能增大，从而导致相互接触、相互碰撞、相互摩擦的物体表面表现为内能增大，温度升高。进而将冰融化成水，水流动在冰刀和冰面之间，起到了润滑的作用，从而进一步减小了冰刀和冰面之间的摩擦力。

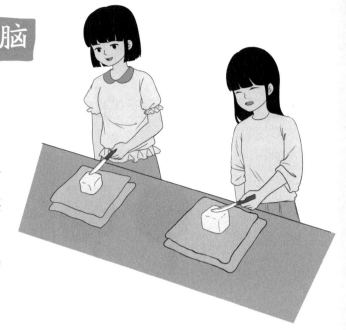

动手动脑

❶ 准备两块冰和一把餐刀。

❷ 将冰块放置在桌子上，分别用餐刀的刀面和刀刃摩擦冰块。

❸ 观察两块冰融化速度的差异。

通过实验我们观察到，用刀面摩擦的冰块，融化速度慢，用刀刃摩擦的冰块，融化速度快。用餐刀摩擦冰块，因为摩擦生热导致冰面融化。而刀面和冰块的接触面积大，摩擦产生的热量聚集在更大面积的冰块上，单位面积的冰块上聚集的热量较少，所以融化得慢。用刀刃摩擦冰面，餐刀和冰块的接触面积小，摩擦产生的热量聚集在更小面积的冰块上，所以单位面积的冰块上聚集的热量较多，所以融化得快。

因此，滑冰运动员的冰刀鞋一般都较为锋利，一方面能减小和冰面的接触面积，进而减小和冰面间的滑动摩擦力；另一方面能加速将冰融化成水的过程，加强润滑作用，使冰刀和冰面间的摩擦力更小。

了解更多

短道速滑滑冰鞋的冰刀为什么不在鞋中间？

可移动刀托

　　短道速滑滑冰鞋的特点非常明显，滑冰鞋冰刀的刀托并不在正中间，而是在鞋底靠左的位置。同时冰刀的刀刃也呈一定弧度，一般左右脚的冰刀都会向左倾斜约 15°。对短道速滑的滑冰鞋进行特别设计有什么原因呢？在滑行过程中起到什么作用呢？

　　在短道速滑项目中，滑道周长较短，考验的主要是运动员滑行过弯道的技术，弯道滑行也是短道速滑中超越对手的关键部分。在弯道滑行中，运动员速度很快，但是运动员速度一旦过快，就有被甩出滑

道的危险。所以在弯道滑行时，运动员身体会向内侧，也就是向左侧倾斜，通过降低重心，来保持稳定。在运动员向左倾斜的时候，滑冰鞋也会倾斜，如果将滑冰鞋的刀托放在靠左的位置，那么滑冰鞋向左倾斜的角度会更大，也就是运动员身体倾斜的角度会更大，运动员的重心会更低，更容易保持稳定。若冰刀的刀刃有一定倾斜角度，那么在滑冰鞋倾斜的时候，冰刀还能和冰面保持垂直，产生蹬冰力，为运动员提供向前滑行的动力，运动员也就能更快速地通过弯道。

现在，我们已经全副武装地来到了速度滑冰的比赛现场，让我们来了解一下速度滑冰这个充满速度与激情的运动项目吧。

速度滑冰简称"速滑"，俗称"大道"，是指在400米赛道上进行短距离、中距离、长距离、全能4种赛制的冰上速度运动。每项均分男子组、女子组比赛。

滑冰运动源远流长，最早为古时寒冷地带人们的交通方式，后来逐渐演变成一项运动游戏。1676年，速度滑冰的雏形在荷兰形成，从穿越城镇的滑行比赛发展到环城绕行比赛，继而发展成竞速滑冰运动。1924年，男子速度滑冰被列入第一届冬奥会的正式比赛项目。1960年，女子速度滑冰被列入第八届冬奥会比赛项目。1988年冬奥会，速度滑冰比赛场地由室外转入室内。

速度滑冰

康伟

速度滑冰的装备包括滑冰服、滑冰鞋与冰刀。

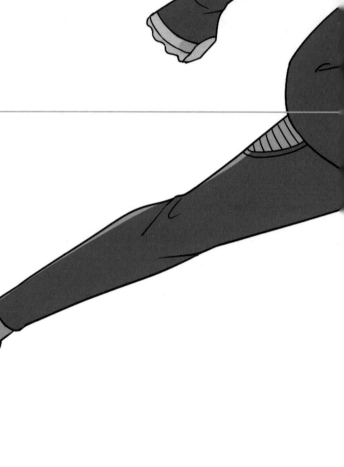

滑冰服

速度滑冰服为连帽装，能够把运动员的头发紧紧包住，达到减小风阻的目的。

滑冰鞋与冰刀

速度滑冰的冰刀，刀身短，刀刃底部有弧度，与冰面的接触面积小，有利于过弯道时弧线前进。刀身较高，倾斜角度大时不会接触冰面。冰刀后部可以开合，左右可以调整。

速度滑冰比赛的跑道是一个椭圆形的闭式跑道。预备起跑线为红色虚线，终点线为红色实线，其他各线均为蓝色，线的宽度为 5 厘米，跑道的分界线用整齐的虚线画出，一直延伸到换道区。赛道一圈 400 米，弯道弧度为 180°，内道宽 4 米，内道半径不得小于 25 米、大于 26 米，冰面厚度为 2.5 厘米。

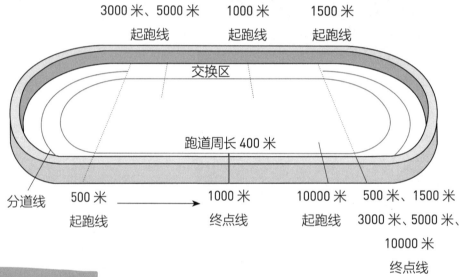

3000 米、5000 米起跑线　　1000 米起跑线　　1500 米起跑线

交换区

跑道周长 400 米

分道线　　500 米起跑线　　1000 米终点线　　10000 米起跑线　　500 米、1500 米、3000 米、5000 米、10000 米终点线

看懂输赢

交换区是指弯道结束到下一个弯道开始之间的整个直道（非终点道段）。由于赛道为封闭环状，内外赛道长度不同，因此外赛道的运动员每滑完一圈后都需要在换道区换道。换道时，外道运动员应先换至内道，内道运动员再换至外道，以保证每名运动员滑行距离相等。运动员滑行的方向为逆时针方向。

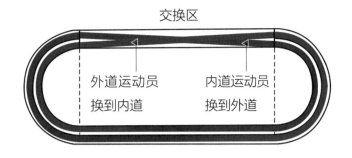

交换区

外道运动员
换到内道

内道运动员
换到外道

个人赛每组两名选手，抽签决定内外道，2名选手分别站在内外道不同的起点同时出发。每滑完1圈，两名选手在交换区互换位置，以确保两人滑行的总距离相同，外道选手优先换道。所有选手比赛结束，用时最短的选手获胜。

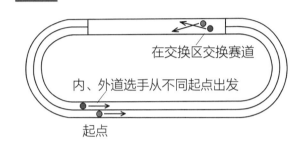

个人赛

在交换区交换赛道

内、外道选手从不同起点出发

起点

团体追逐赛由两个团体进行比赛，每个团体包括3名队员，团队双方分别从相对的直道同时出发。男子滑行8圈，女子滑行6圈后，以每队最后一名队员冲过终点线所用的时间为队伍比赛成绩，用时最短的队伍获胜。

团体追逐赛

两队选手从相反赛道出发，
出发后沿内道滑行

起点

集体出发与个人赛的赛道相比没有间隔跑道的划分，也没有内道、外道的界线，但是增加了热身赛道。在赛道上，有多名运动员同时出发。运动员滑行16圈，每4圈设立一个积分点，最终积分多者获胜。

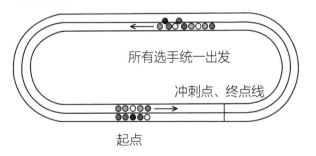

集体出发

所有选手统一出发

冲刺点、终点线

起点

19

速度滑冰是速度和耐力的比拼，滑行速度非常快，那么滑冰运动员在激烈的对抗中，是如何来控制自己的平衡的，他们的平衡感又是由什么来控制的呢？

运动员的平衡感是由什么控制的？

　　看到速度滑冰的运动员们比赛的样子，是不是感受到了比赛现场的紧张氛围，而且对他们变换的各种姿势充满疑问？他们是如何控制自己的平衡的呢？现在就一起来科技馆里寻找答案吧，下图是神奇的街道展项，它是一个倾斜的屋子，在这间倾斜的小屋中，人会有行走困难、头晕目眩的感觉。为什么会有这种奇怪的现象呢？

展品"神奇的街道"

由于屋内家具装饰的摆设与地面垂直，这让我们的视觉感受到这间屋子与我们正常的屋子没有区别（屋子是水平的）。但是由于地面是倾斜的，所以我们走进屋子时，身体中重要的平衡感受器官以及肌肉因为受到重力的作用，它们会告诉大脑，我们的身体已经发生倾斜。这与视觉信息所得到的结论不符，大脑对此很难做出判断，因此会感到头晕等不适。前庭是很重要的平衡器官，位于人的内耳，两只耳朵内部一边一个，协调配合，调节人体平衡。前庭器官内存有特殊功能的感受器——毛细胞，能够向中枢神经系统提供有关头部运动的信息，以利于身体的定向和维持身体的平衡，因而又名平衡器官。平衡感觉除依赖平衡器官之外，尚有赖于其他感觉器官的活动，如视觉器官、本体感受器和皮肤感受器等。

动手动脑

❶ 将木板平放在地面上。

❷ 一只脚站立在木板的中间。

❸ 另一只脚离地，尽量只用一只脚保持身体的平衡，你能做到吗？

❹ 尽量让你的身体在 5 分钟内保持平衡。在这段时间里，你的平衡感有没有增强呢？

❺ 找一块更长的木板，将木板放在地上，试着从木板的一端走到另一端，你会从木板上掉下来吗？试着多练习几天，看看自己走木板时会不会越来越平稳呢？

运动员为什么要长期不断地训练呢？

我们的平衡感是由内耳的构造掌控着的，它就是个前庭器官，前庭器官处有三个互相垂直的半规管，当人体失衡时，半规管便产生平衡脉冲，通过延脑的平衡中枢激发相应的反射动作，以使人体恢复平衡，并避免可能受到的伤害。这也是先天的本能反射之一。前庭随时随地都在工作，在一刻不停地觉察人体的位置。比如在一辆正常行驶的公共汽车突然刹车时，站立的人往往会偏倒，但是很快会控制自己的身体不倾倒下去，这就是前庭调整身体姿势、维持平衡作用的结果。

所以，运动员的训练就像我们的木板练习一样，在训练中就能够得知身体需要做什么动作来调整其平衡状态。

现在，我们已经全副武装地来到了花样滑冰的比赛现场，让我们一起来了解一下花样滑冰这个极具艺术观感的运动项目吧。

花样滑冰简称花滑。花样滑冰是一项将运动技巧与舞蹈、音乐巧妙融合在一起，把惊险和美丽发挥到极致的滑冰运动，能给观赏者带来超高的艺术享受。德国著名诗人歌德赞美花样滑冰为"运动的诗"。

与多数滑冰运动的起源一样，花样滑冰最初也是寒冷地区居民借助冰封湖面或河道采用的一种交通方式。当这种交通方式被赋予娱乐功能后，尤其是在文艺复兴的影响下，花样滑冰开始兴盛起来。早在 16世纪，荷兰就出现了一些能够展现身体优美姿态的复杂脚部滑行动作。1924 年，花样滑冰被列为第一届冬奥会正式比赛项目。

花样滑冰

康
伟

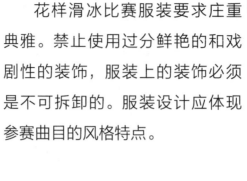

选择装备

花样滑冰比赛服装要求庄重典雅。禁止使用过分鲜艳的和戏剧性的装饰，服装上的装饰必须是不可拆卸的。服装设计应体现参赛曲目的风格特点。

装饰物

连衣裙

上衣

长裤

连衣裙

连裤袜

比赛服

原则上，花样滑冰男选手必须穿上衣和长裤。上衣必须为长袖，不得过短，不得露胸，裤子不能过于紧身。原则上，花样滑冰女选手要求穿不透明的肉色紧身裤或长袜，不得穿上下分开的服装。在冰上舞蹈比赛中，女选手必须穿裙子，裙子要能盖住臀部。

花样滑冰运动中冰鞋的冰刀与普通冰鞋的冰刀最重要的区别是前端有刀齿，用于跳跃中的点冰，增加步伐的多样性。

花样滑冰比赛使用的冰场必须是长方形的。场地长60米，宽30米，比赛场地的冰面要求平整光滑，清洁不反光。冰面温度为 −6~−5℃。冰面厚度为 5.5 厘米，冰质柔韧、滑感舒适。比赛场地不允许使用布景和灯光效果。

界墙高 1.17~1.2 米

30 米

60 米

看懂输赢

花样滑冰是一种将滑冰与舞蹈结合的冬季冰上运动项目，运动员配合音乐做出各种滑冰动作。花样滑冰在冬奥会正式比赛项目中一共分为 3 大类、4 小项，分别是男女运动员个人参加的花样滑冰单人滑、男女成组参加的冰上舞蹈以及花样滑冰双人滑。冬奥会还有团体比拼，这项比赛是将男子单人滑、女子单人滑、双人滑、冰上舞蹈的得分进行合计得出排名。

花样滑冰比赛规则比较复杂。总体来说，每名参赛运动员的最后得分是把总的技术动作分和节目内容分相加，再减去所有被扣的分计算出来的，得分最高者为冠军。技术动作的要素包括跳跃、旋转、接续步等，节目内容的要素包括滑行技术、完成执行、音乐配合等。选手比赛时，如在时间、动作、音乐、服装道具等方面出现违规，会被扣分。

大项	小项	规定时间	技术动作要素			
男子单人滑	短节目	2 分 40 秒 ±10 秒	跳跃	旋转	接续步	
	自由舞	4 分 ±10 秒				
女子单人滑	短节目	2 分 40 秒 ±10 秒	跳跃	旋转	接续步	
	自由舞	4 分 ±10 秒				
双人滑	短节目	无特定时间	抛跳	托举	双人旋转	螺旋线
	自由舞					
冰上舞蹈	短节目	无特定时间	紧扣音乐节拍	分开不超过5秒	男选手主托举手不能超过头部	
	自由舞					
团体比赛	将男子单人滑、女子单人滑、双人滑、冰上舞蹈共 4 个小项的分数进行合计，得出排名次序					

我们在观看花样滑冰比赛时，除了被参赛选手优美的动作吸引而不由得发出感慨外，有没有产生过这样的疑问：为什么选手高速旋转时要抱臂？选手张开双臂速度就会变慢吗？选手是怎样调节自己身体的呢？

花样滑冰运动员高速旋转时为什么要抱臂？

看到他们比赛的样子，是不是感受到了比赛现场的紧张氛围，而且对他们能够稳定地旋转和变换姿势充满疑问？在中国科技馆里就有一件展品可以解答你的疑惑。赶紧来看看吧！

这件展品叫作"角动量守恒"，位于中国科技馆二层探索与发展 A 厅。这件展品包含一个回转椅体验装置，该装置由一个可水平旋转的座椅、圆盘和固定支架组成，脚下设有脚踏装置，便于刹停座椅。体验时，体验者先坐到座椅上，双手握住圆盘，使其在支架上旋转，随后踩下刹车。当手中旋转的圆盘倾斜时，体验者坐的座椅也会发生水平方向上的旋转，当圆盘倾斜角度不同时，座椅会产生不同的旋转速度。

展品"角动量守恒"

圆盘倾斜一定的角度，座椅会发生水平方向上的旋转，是因为体验者、座椅、圆盘在一个运动系统里，在系统整体受到的外力矩为零时，整体的角动量保持不变。这就是角动量守恒定律。

当转动的圆盘角度倾斜时，相当于系统整体内部分角动量发生变化，但是系统整体角动量保持不变，所以会产生一个平衡圆盘角动量变化的量。而座椅发生水平方向上的旋转产生的角动量正好平衡了圆盘倾斜带来的变化。

花样滑冰运动员能够快速又稳定地变换姿势，其中也蕴含了角动量守恒原理，角动量和系统整体的质量、质点到转轴的距离以及角速度有关。当花样滑冰运动员想要从快速旋转状态平稳地降速时，往往需要将身体舒展，增加力矩，这样角速度会变小，运动员也能平稳地降低旋转速度。反之，运动员想要高速旋转时，往往会将身体收缩，减小力矩，这样能稳定快速地提高旋转速度。

动手动脑

① 准备一张厚卡纸，动手分别剪出一个直径 6 厘米的圆形和两个宽 1 厘米、长 3 厘米的长方形，并在圆形卡片中间钻出一个直径约 5 毫米的小孔。将两个长方形卡片沿

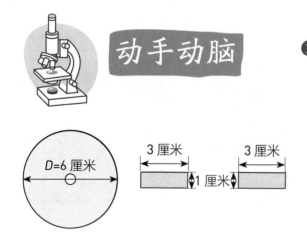

3 厘米   3 厘米
$D=6$ 厘米
1 厘米

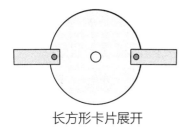

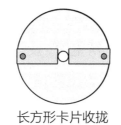

着一条直径的方向，分别钉在圆形卡片的两侧，使长方形卡片可以旋转。

长方形卡片展开   长方形卡片收拢

❷ 寻找一根粗细约 5 毫米的木棍，截取 8 厘米左右。

❸ 将木棍穿过圆形卡片，圆形卡片一侧露出 2 厘米木棍，另一侧露出 6 厘米木棍，将它们制成陀螺模样。

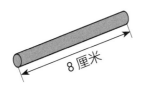

8 厘米

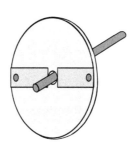

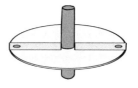

❹ 用同样的力气转动陀螺，分别观察将长方形卡片展开和将长方形卡片收拢两种情况下，陀螺速度变化的快慢。可以多试验几次，找出规律。

通过上述试验，我们发现，当将长方形卡片展开时，转动陀螺，陀螺停下得快；而将长方形卡片收拢时，用同样的力量转动陀螺，陀螺停下得慢。这就是改变了陀螺的质量分布，也就是改变了"质点与转轴的垂直距离"。

将长方形卡片展开时，距离变大，在陀螺逐渐停下的过程中，速度降低得更快；反之，速度降低得慢一些。

花样滑冰运动员就是利用这一特性，才能稳定快速地旋转，做更多高难度的动作。

花样滑冰运动员怎么跳才能更平稳？

花样滑冰运动员的跳跃也蕴含着科学知识。起跳阶段分为两臂下摆期和两臂上摆期。两臂在缓冲阶段对称地摆向体后，当靠近身体下摆时，很容易保持平衡和稳定，不会造成身体的任何转动。两臂同时对称下摆可增加起跳力量，运动员为保证动作完成，先把前臂从前伸状态放下移至体侧，后臂向下摆，形成两臂的相对摆动。然后两臂再同时上摆，这样比双臂对称下摆多一个前臂放下的动作。动作不对称和方向不一致，容易导致平衡被破坏。双臂对称摆动在摆动的方向上是一致的，力量是均衡的，有利于缓冲和起跳技术的完成。小朋友们，你们也可以跳跃摆臂试试，体验一下如何才能够保持平衡。

现在，我们已经全副武装来到了冰球场，赶紧来了解一下冰球这个需要技术和战术综合较量的运动项目吧。

冰球运动是以冰刀和冰球杆为工具在冰上进行的一种相互对抗的集体竞技运动，集技术、平衡能力和体力于一身，是一种高速而充满冲撞的项目，亦称"冰上曲棍球"。

冰球的英文"Hockey"一词派生于法语的"Hocquet"，即牧羊人用的弯头拐杖。有人提出，冰球是源自北美易洛魁印第安人的一种击球游戏。早在二三百年以前，世界各地就有着不同形式的冰上球类游戏，如荷兰的"科尔芬"、北美的"欣尼"、俄国的俄罗斯冰上曲棍球、北欧的"班迪"以及中国的冰上蹴鞠等。由于当时这些国家的社会制度、经济基础、民族特点以及人们生活方式等不同，这些早期的冰上球类游戏也各有特点。加拿大是现代冰球运动的起源地。1875年，第一次正式的室内冰球赛在蒙特利尔举办。1920年，冰球作为正式项目被列入第七届夏季奥运会。1924年，男子冰球在法国夏蒙尼首届冬奥会上成为正式比赛项目。1998年，女子冰球在日本长野第十八届冬奥会上成为正式比赛项目。

冰球

邵
航

选择装备

冰球运动的装备包括冰球、冰球杆、冰球鞋、冰球护具等。

外衣

国际比赛规定不许将护具露在外面（除头盔和防摔裤），所以外衣必须罩在外面。外衣可以增大摩擦，防止因护具移位、脱落、出现空隙等使人的身体受到伤害。

冰球杆

冰球杆是打击冰球的器具，制作材料有碳芯和全木质两种，分为分离型和整体型。冰球杆表面不能有任何凸出部分，所有边缘都是斜面。

冰球

冰球的制作材料通常为黑色硬橡胶。标准直径为 7.62 厘米，高为 2.54 厘米，整球质量为 156~170 克。

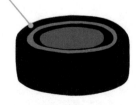

头盔

头盔是用来保护头部和面部的装备，分为全面罩和半面罩两种。

手套

手套在冰球运动中不可或缺，具有透气性好、防水及舒适的特点。

冰球场地主要由界墙、防护玻璃、球门、中线、争球圈等部分组成。标准冰球比赛均采用长60米、宽30米的场地。赛场地面通常画有红、蓝两色线条，红色线为球门线与球场中线，蓝色线用来划分赛场区域。

界墙

防护玻璃

1.19~1.22 米

30 米

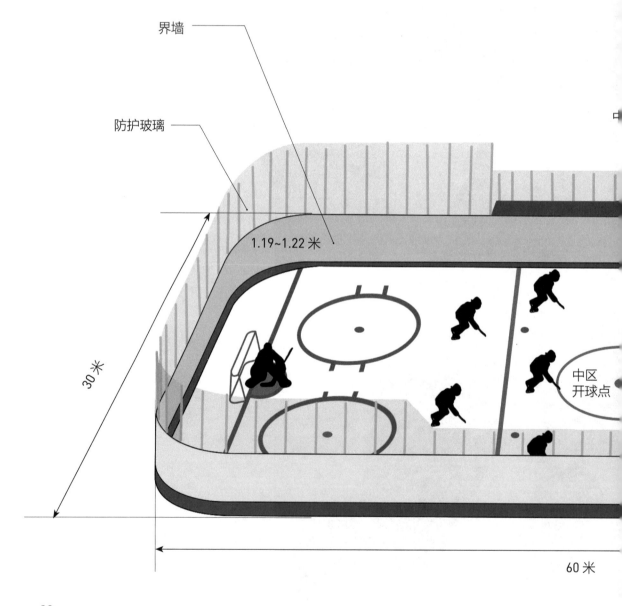

中区开球点

60 米

冰球比赛每队有 22 人，其中 2 人为守门员。双方上场各 6 人，分别为守门员、左后卫、右后卫、左前锋、右前锋和中锋。比赛中，每射进 1 球得 1 分。每场比赛分 3 局进行，每局净比赛时间为 20 分钟，局间休息 15 分钟。

争球点

争球圈

判区

争球点

球门线

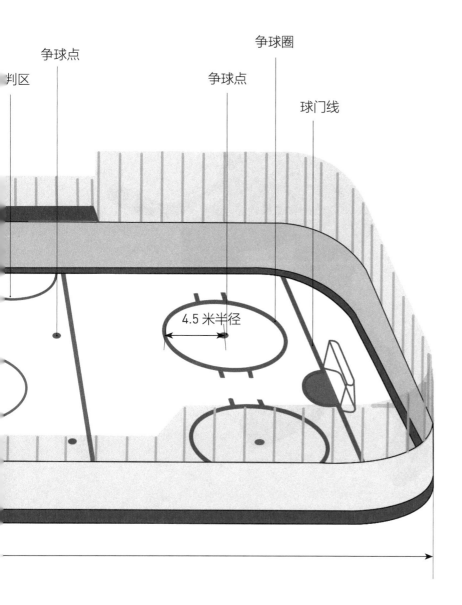

4.5 米半径

冰球比赛中，所有的运动员身上都穿戴着厚厚的护具，你知道它们的作用是什么吗？

冰球的护具有什么作用？

头盔

面罩

护颈

内穿戴护胸

外衣

内穿戴护肘

手套

冰球杆

护裆

内穿戴护腿

护腿套

冰鞋

冰球运动员都穿戴着厚厚的护具，这是因为冰球运动非常激烈。那么，这些护具是怎么保护运动员的呢？在中国科技馆就有一件展品可以解答你的疑惑。赶紧来看看吧！这件展品是"以柔克刚"，生活中我们会看到一些现象，比如用纸托装鸡蛋，用泡沫把电器包裹起来，这些都与吸能有关。观众可以将小球提到相同的高度后放手，观察两个小球落在吸能材料上和一般材料上后产生的不同效果。

展品"以柔克刚"

原来如此

　　吸能过程是一个能量转换的过程，包括动能与内能的转化，动能与其他形式能量的转化。其实生活中，材料都有吸能的特性，只是吸能的程度不同。比如，鸡蛋壳就比较脆弱，属于强度比较低的"材料"，鸡蛋托就是为了保护它而存在的。考虑到鸡蛋壳强度很低，那么鸡蛋托纸盒的强度也不能太高。一般而言，用于能量吸收的装置，其材料强度要小于受保护的材料强度。手机壳也是这样的，我们新买来的手机一般会给它套上一个外壳，其实就是想保护手机。如果手机没有手机壳帮助吸能，那么当它摔在地上时，就有可能损坏。

动手动脑

　　令乒乓球掉落到不同材料上，对比一下不同材料的性能差异。

❶ 准备一个乒乓球、一块木板、一块海绵、一块泡沫。

❷ 让乒乓球分别从同样的高度自由下落到不同材料上面。

❸ 观察在不同材料上面乒乓球弹起的高度。

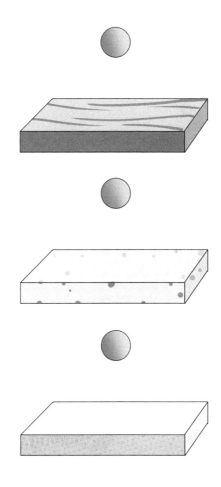

冰球为什么可以快速地滑出去？

打冰球是一项快速运动，当运动员用杆击球时，冰球在冰面上快速滑行。冰球之所以能够快速移动是因为它的质量很轻，只有156~170克，运动员用很大的力量击打它后，它就能快速滑出去。

现在我们来到了冰壶的比赛现场，冰壶运动是冬奥会中节奏比较慢的项目。

冰壶运动又称"掷冰壶""冰上溜石"，是以队为单位在冰上进行的一种投掷性竞赛项目，被喻为冰上的"国际象棋"。它是智谋和体能的较量，需要运动员具备体能、技术、战术、心理和运动智能，更需要团队其他队员的配合和整体合作。

冰壶在 14 世纪起源于苏格兰。最早的冰壶比赛出现在 16 世纪中叶。1795 年，第一个冰壶俱乐部在苏格兰创立。1924 年，冰壶被列入第一届冬奥会表演项目。1998 年，冰壶成为第十八届冬奥会正式比赛项目。

冰壶

于悦悦

选择装备

冰壶运动的装备包括运动服、手套、冰壶鞋和冰刷。

运动服

对冰壶运动员在比赛时的着装没有特别要求，运动服和手套都以舒服、保暖为主。

冰壶鞋

冰壶运动员的两只运动鞋功能不同，鞋底材质也不同，一只为塑料底，便于滑行，另一只为橡胶底，便于蹬冰。只从外观上看，冰壶运动员的鞋子和普通鞋子没有区别。

冰刷
冰刷头部多为合成纤维制成。冰刷主要用于帮助运动员控制冰壶运动的方向和距离。

冰壶
比赛用的冰壶是由苏格兰产的不含云母的花岗岩石凿琢而成的。最大周长 91.44 厘米，最小高度 11.43 厘米，重量近 20 千克。

冰壶比赛场地长 45.72 米，宽 5 米（从木框的外缘算起）。冰道的一端画有一个半径为 1.83 米的圆圈作为队员的投壶区，它被称作本垒。冰道的另一端也画有一个圆圈，被称为营垒。

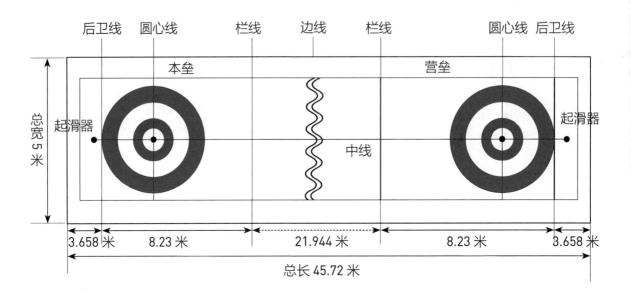

看懂输赢

冰壶项目比赛时，每场由两支队伍对抗进行，每队由 4 名队员组成。两队每名队员均有两只冰壶，即有两次投掷冰壶的机会。

双方队员均从本垒投壶，两队按一垒、二垒、三垒及主力队员的顺序交替投壶。每局由每队交替投壶，每人分别投两壶，8 人共投 16 壶之后结束。

在一名队员投壶时，两名己方队员手持冰刷在冰壶滑行的前方快速左右擦刷冰面，使冰壶准确到达营垒的中心。同时，对方队员为使冰壶远离圆心，也可在冰壶的前面擦刷冰面。投壶队员在力求让冰壶滑向圆心的同时，也可在主力队员的指挥下用己方的冰壶将对方的冰壶撞出营垒或将场上己方的冰壶撞向营垒圆心。

当双方队员投完所有冰壶后，以场地上冰壶距离营垒圆心的远近决定胜负，每壶 1 分，积分多的队为胜。

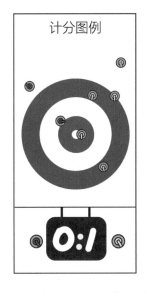

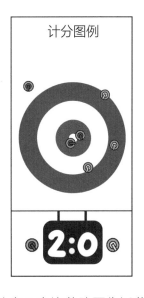

黄队有 1 壶比红队更靠近营垒圆心，因此黄队得 1 分，红队得 0 分。

红队有 2 壶比黄队更靠近营垒圆心，因此红队得 2 分，黄队得 0 分。

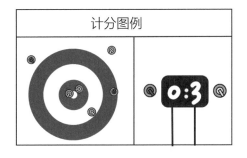

黄队有 3 壶比红队更靠近营垒圆心，因此黄队得 3 分，红队得 0 分。

冰壶运动员为什么要擦冰？

冰壶运动的关键是要将冰壶投掷到营垒中，是技术和战术的比拼。在冰壶运动中，投壶选手将壶投出后，为什么总有两位运动员在冰壶的运动轨迹上不停地擦冰呢？这样做会有什么助益呢？

其乐无穷

我们带着上面的问题来到中国科技馆，通过了解展品背后的原理来解开我们对冰壶运动的疑惑吧。在中国科技馆主展厅二层探索与发现 A 厅，有一件展品叫作"掉？不掉？"，这件展品由两组转轮和一根木棍组成。其中一组转轮，两个转轮均向内转动，且速度相等。另一组转轮的转动速度和方向都可以调节，转动方向可设置为均向内转动或均向外转动。将木棍放在左侧转轮组上后，启动装置，发现木棍会在两个转轮间往复运动，不会掉下去。将木棍放在右侧转轮组上后，调节两个转轮的转动方向和速度。会发现转轮均向内转动时，不论速度如何改变，木棍均不会掉下去；而转轮均向外转动时，不论速度如何变化，木棍都很容易掉下去。为什么木棍有时掉，有时不掉呢？

展品"掉？不掉？"

原来如此

木棍和转轮接触后，在水平方向上，木棍只受到转轮对木棍的滑动摩擦力。两个物体间的滑动摩擦力只与物体间的压力和摩擦系数（也就是两个物体间的粗糙程度）有关，所以转轮的速度对木棍是否会掉落并没有影响。当转轮转动时，木棍总是会向一侧倾斜，这一侧的压力就会变大，摩擦力也会变大。当转轮向内转动时，木棍受到的摩擦力是指向中间的，当一侧的摩擦力增加时，会把木棍推向中间；而当转轮向外转动时，木棍受到的摩擦力是指向两侧的，当木棍向一侧倾斜时，这一侧的摩擦力增加，会加快木棍向这一侧的倾斜，木棍就会掉下去。

动手动脑

滑动摩擦力与物体间的压力及摩擦系数有关，如果改变摩擦系数，会有什么变化呢？

❶ 准备一个乒乓球、一个带斜面的木块、一块长方形的玻璃板、一块毛巾和一些水。

❷ 将木块和玻璃板拼接在一起，先后将毛巾和水铺在玻璃板上，让乒乓球从木块斜面的顶端滑下去，分三次经过铺毛巾的玻璃板、有水的玻璃板、普通玻璃板。

❸ 对比观察乒乓球滑行的速度，记录乒乓球三次停止的位置。

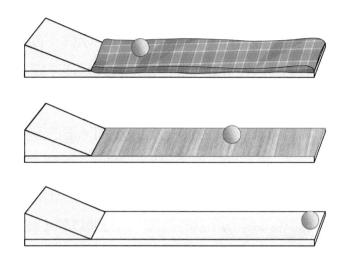

令乒乓球都从斜面的顶端滑下去，可以保证乒乓球在进入玻璃板前的速度一样。对比观察发现，乒乓球在铺毛巾的玻璃板上滑行时，速度最慢，停止的位置距离斜面最近；在有水的玻璃板上滑行时，速度最快，停止的位置距离斜面最远；在普通玻璃板上滑行时，速度中等，停止的位置也在中间。这是因为乒乓球和玻璃板之间存在滑动摩擦力，摩擦力越小，乒乓球的速度下降得越慢，滑行得越远；摩擦力越大，乒乓球的速度下降得越快，滑行得越近。相比普通的玻璃板，毛巾较为粗糙，增大了乒乓球和玻璃板之间的摩擦系数，使摩擦力增大，所以

乒乓球的速度很慢，会停在较近的位置；水较为润滑，减小了乒乓球和玻璃板之间的摩擦系数，使摩擦力减小，所以乒乓球的速度很快，会停在较远的位置。

在冰壶运动中，运动员为了让冰壶滑行得更远，会想办法减小冰壶和冰面间的滑动摩擦力。擦冰可以扫除冰面上的冰渣，使冰面更光滑；同时因为摩擦生热，擦冰会让冰面的瞬间温度升高，冰面融化，产生少量水，水有润滑作用。这两种效果都是通过减小冰壶和冰面间的摩擦系数实现的。所以运动员擦冰，是为了减小冰壶和冰面之间的摩擦力，增加冰壶的滑行距离。

摩擦力并不都是竞技运动的阻碍，有益摩擦也能助力运动。冰壶运动员穿的鞋子鞋底材质不同，一只鞋鞋底为塑料材质，另一只鞋鞋底为橡胶材质。塑料材质的鞋一般为滑行鞋，在滑行中，能减小和冰面的摩擦力，可以滑得更远；橡胶材质的鞋一般为蹬冰鞋，在蹬起蹬器的时候需要有足够的摩擦力，才能让脚不滑落。在滑行中，蹬冰鞋也可以帮助运动员及时停住，以免超过禁止线。

了解更多

为什么投掷冰壶后，两只冰壶都会留在营垒？

在冰壶运动中，运动员会将冰壶投向营垒，会和原本在营垒中的冰壶碰撞。为什么相互碰撞的两只冰壶，有的会全部被撞出营垒，有的仅留一只冰壶在营垒，有的会两只全部留在营垒？

在碰撞中，主动碰撞物体的速度越小，被碰撞物体滑出的距离就越短。当主动碰撞物体以特定的速度滑出时，与被碰撞物体发生碰撞后会与其停在一起。这是因为主动碰撞物体能量较小，不足以将被碰撞物体撞出。

当主动碰撞物体不沿着两个物体所在直线的方向弹出时，会发现在两物体碰撞后，两物体均不沿着原来直线的方向弹出。

控制主动碰撞物体的初始运动速度和方向，可以将被碰撞物体撞到方向不同、距离不同的位置。

在冰壶运动中，只有在营垒范围内且距离营垒中心点更近的球得分。所以运动员需要将对方的冰壶撞出营垒，同时又需要将己方的冰壶尽可能多地投掷到营垒中心点附近。如果营垒边缘同时有己方的和对方的冰壶，那么运动员则需要将对方的冰壶撞出营垒，将己方的冰壶撞到更接近营垒中心点的位置；如果己方的冰壶很靠近中心点，运动员则需要将己方即将投掷的冰壶掷向中心点的冰壶，且两冰壶碰撞后，都能留在中心点附近。

冰壶运动员需要掌握各种投壶技巧，比如拉引击石、防卫击石、敲退击石、通道击石、晋升击石、晋升移除击石等。

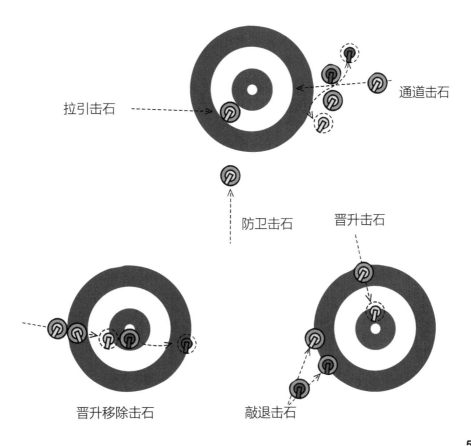

拉引击石　通道击石　防卫击石　晋升击石　晋升移除击石　敲退击石

第二站
雪上运动项目

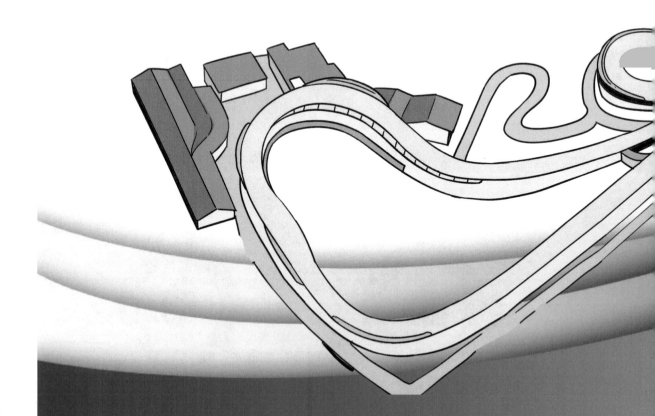

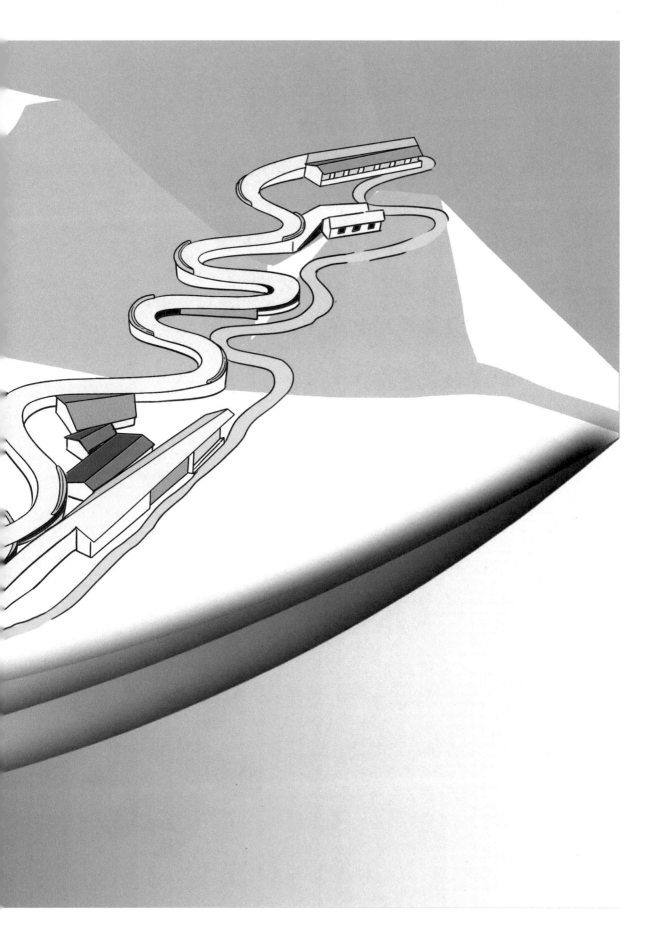

第二站，让我们跟随科小贝来到雪上运动项目的比赛场地。

属于雪上项目的有高山滑雪、雪车、钢架雪车和雪橇，此外，还有一些比较刺激的雪上项目，比如跳台滑雪、单板滑雪、自由式滑雪、越野滑雪、北欧两项和冬季两项。

　　高山滑雪一般被认为起源于阿尔卑斯山地域，故又称"阿尔卑斯滑雪"或"山地滑雪"。当滑雪运动在更广的范围普及后，人们将兴趣投向地形复杂的高山丛林间。为了适应更陡的坡度和变化的地形，人们在高山滑雪中开始使用更宽的滑雪板，并且改进了滑行中的转向技术和雪杖使用技术。由此，高山滑雪的专项技术逐渐成形。

　　高山滑雪是从山上沿着旗门设定的赛道滑向山下的雪上竞速项目。1936 年，高山滑雪在第四届冬奥会上被列为比赛项目。冬奥会高山滑雪设男子项目、女子项目和混合项目。2022 年北京冬奥会高山滑雪有 11 个小项，其中男子 5 个、女子 5 个和混合 1 个。

高山滑雪

杜心宁

选择装备

高山滑雪的比赛装备主要有滑雪服、滑雪头盔、滑雪手套、滑雪镜、滑雪板、滑雪杖、滑雪鞋、固定器。

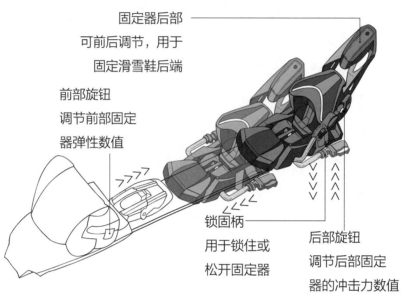

固定器后部
可前后调节，用于
固定滑雪鞋后端

前部旋钮
调节前部固定
器弹性数值

锁固柄
用于锁住或
松开固定器

后部旋钮
调节后部固定
器的冲击力数值

滑雪板
由多层结构的复合材料制成，弹性好；底板由高分子材料制成，摩擦系数小；金属边刃转弯时不易产生侧翻。固定器通常安装在滑雪板中部。

滑雪鞋
外壳坚硬、防水、抗碰撞；内层松软，对脚踝有保暖、裹紧、缓冲等作用。

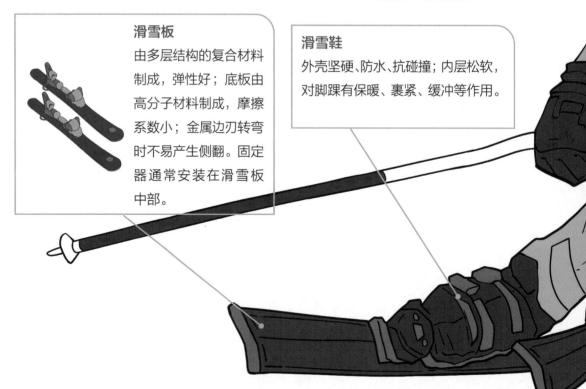

滑雪头盔
内壳一般为高密度发泡材料制成，内有保温层，整个头盔呈流线型，以降低风阻。

滑雪镜
防风、防强光、防紫外线，并且不会起雾起霜。

滑雪服
和普通滑雪服不同，高山滑雪比赛服通常为连体紧身式。它能更好地防止雪进入衣服内部，并且能降低风阻。

滑雪杖
高山滑雪杖又分为直杆（用于回转）和弯杆（用于速降、超级大回转和大回转）两种。

滑雪手套
掌心部分加缝耐磨层，五指分开。

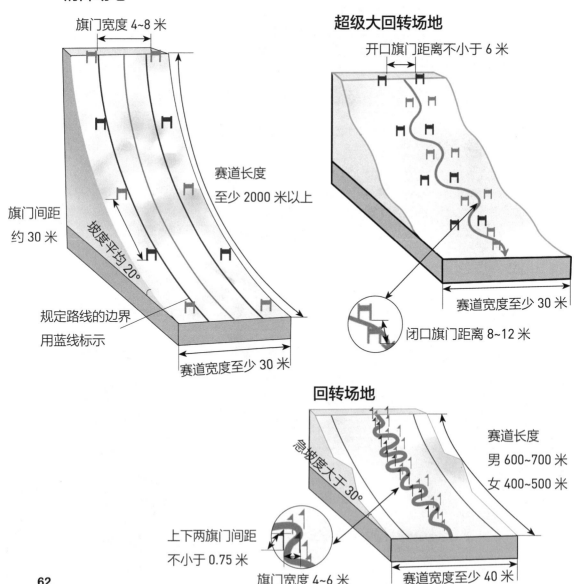

比赛场地

高山滑雪的场地要选择在风力较小、积雪量大的地带。2022年北京冬奥会高山滑雪比赛场地在北京市延庆赛区的国家高山滑雪中心。高山滑雪的场地按项目包括滑降、回转、大回转、超级大回转几类。比赛项目不同，场地也有所区别。高山滑雪又分为速度系列（滑降、超级大回转）和技术系列（大回转、回转）两部分。

滑降场地

旗门宽度 4~8 米

赛道长度
至少 2000 米以上

旗门间距
约 30 米

坡度平均 20°

规定路线的边界
用蓝线标示

赛道宽度至少 30 米

超级大回转场地

开口旗门距离不小于 6 米

赛道宽度至少 30 米

闭口旗门距离 8~12 米

回转场地

急坡度大于 30°

赛道长度
男 600~700 米
女 400~500 米

上下两旗门间距
不小于 0.75 米

旗门宽度 4~6 米

赛道宽度至少 40 米

大回转场地

旗门宽度
4~8 米

上下两旗门间距
不小于 10 米

坡度 15°~30°

赛道长度
男 1500~2000 米
女 1000 米以上

赛道宽度至少 30 米

看懂输赢

在高山滑雪比赛中，运动员在滑下来的同时需要穿过设置在滑行路线上的一系列旗门。如果运动员错过了一个旗门，那么他就必须回去重新穿过这个错过的旗门，否则将失去比赛资格。

滑降（速度系列）

运动员从山顶按规定线路穿过旗门向下滑行，由到达终点所用时间决定排名。

超级大回转（速度系列）

运动员从山上向山下以"之"字形滑行通过标注旗门，并以超快的速度滑下斜坡。由到达终点所用时间决定排名。

回转（技术系列）

运动员从山顶按规定线路穿过旗门向下滑行，由到达终点所用时间决定排名。进行 2 轮比赛，第一轮的前 30 名选手倒序参加第二轮比赛。

大回转（技术系列）

运动员从山顶按规定线路穿过旗门向山下滑行，由到达终点所用时间决定排名。进行 2 轮比赛，第一轮的前 30 名选手倒序参加第二轮比赛。

全能系列（滑降、回转）

综合滑降与四项回转项目的比赛，按照第一轮滑降比赛、第二轮回转比赛的顺序进行，合计滑降比赛与回转比赛的分数得出排名。

我们发现滑雪运动员在转弯时会把滑雪板立起，而且身体也会发生不同角度的倾斜，这是为什么呢？下面就分析一下这些动作背后蕴含的原理。

其乐无穷

这件展品"向心而行"采用机械互动的展示方式。展台设有圆形转盘，上面固定放置了长方体形状的透明水箱，内为半箱蓝色液体，液面漂浮一只红色小船，箱体封闭，使液体不能流出。参观者转动手轮，通过机械结构带动水箱所在的圆形转盘转动，观察水箱内液体与小船的状态。

观众通过操作将会了解运动中的离心现象——物体做圆周运动时，当其所受向心力不足或突然消失时，会产生逐渐远离圆心的趋势。

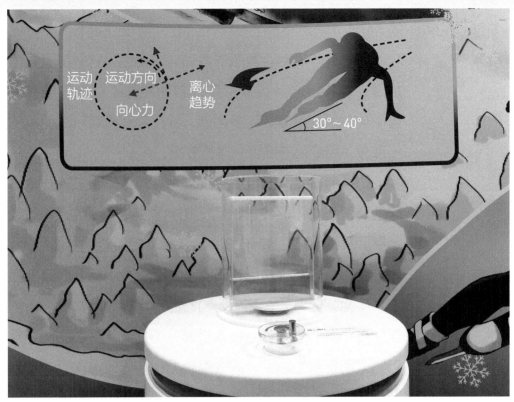

运动
轨迹

运动方向

向心力

离心
趋势

30°~40°

展品"向心而行"

原来如此

当物体做圆周运动时，如果没有一个向着圆心的足够大的力持续作用在物体上，它就会偏离圆心并且越跑越远。物体之所以没有飞出去，是因为向心力持续把物体拉向圆心，使物体同圆心的距离保持不变。一旦向心力突然不足，物体就会沿切线方向飞去，离圆心越来越远。做匀速圆周运动的物体，由于本身有惯性，因此总是想沿着切线方向运动，只是由于向心力的作用，使它不能沿切线方向飞出，而被限制着只能沿圆周运动。如果提供向心力的合外力突然不足，那么物体由于本身的惯性，将沿着切线方向运动。

滑雪是一项相对复杂的运动，这是因为它叠加了重力加速、旋转运动、雪板形变、雪面变形（切入与堆积）、雪面与空气的摩擦等诸多因素。我们现在将转弯最简单的一部分，用简化的模型来进行分析。

如果滑雪者从雪坡上直线下滑，然后马上进入一个稳定的转弯线路（假设雪板瞬间切入雪面并弯曲），那么在水平面推动滑雪者转弯的，是雪面向雪板施加的向心力。它的离心力，则会作用在滑雪者身上，大小相同，方向为沿水平面朝向弯外。然而，向心力作用在脚下，离心力则作用在全身，这一对力在侧平面并不是天然平衡的，如果仍旧采用正常的站姿，那么离心力就会导致滑雪者向弯外翻倒。所以，为了形成平衡的转弯姿态，转弯时就必须采

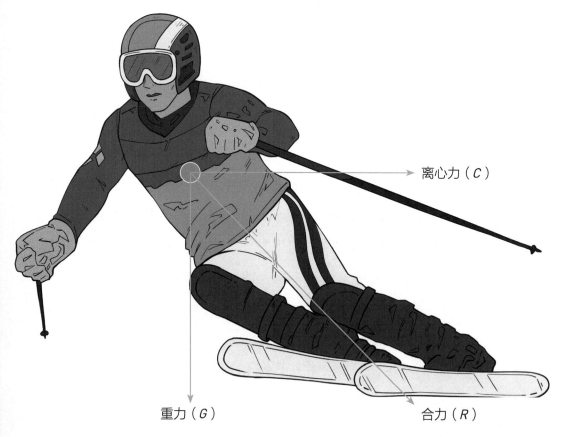

离心力（C）

重力（G）

合力（R）

取一定的内倾，来抵消离心力的影响，达到平衡状态。

平衡的最佳支点，显然就是外侧雪板。假设内脚不受力，则有三个外力作用在滑雪者身上，分别是重力、离心力以及雪面的支持力，它们都作用在滑雪者的质心上。因此可知，导致滑雪者向外侧翻倒的"元凶"是离心力与质心高度构成的"外翻力矩"。而起到稳定作用的，则是重力与横距构成的"稳定力矩"。

所以，为了平衡离心力的作用，必须通过身体的内倾来保持转弯时的稳定。而对于双板滑雪，这个身体内倾的动作恰恰就是"立刃"！横距越大，高度越小，能够抵抗的离心力就越大。因此，高速滑行时，滑雪者的身体会压得很低，屁股贴近雪面，以抵抗离心力的作用。

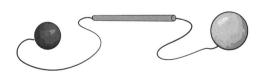

❶ 准备材料：小块橡皮泥、大块橡皮泥、吸管和细线。

❷ 将细线穿过吸管。

❸ 把两块橡皮泥搓成大小两个球，分别固定在细线两端。

❹ 将粘有大块橡皮泥的一端放在下方，发现小橡皮泥被拉了上去。

❺ 摆动手腕向上旋转小块橡皮泥，发现细线慢慢将大块橡皮泥拉了起来。

做圆周运动的物体，由于本身的惯性，总有沿着圆周切线方向飞去的倾向，使旋转的物体远离它的旋转中心，这种现象称为离心现象。实验中小块的橡皮泥在快速转动下不断远离旋转中心，产生的力通过细线作用到下面的大块橡皮泥上，产生向上的拉力，所以下面的大球就被小球用绳子拽起来了。

了解更多

高山滑雪中的"引申"是什么？

在滑雪的连续性转弯中，重心的左右侧对称交换就是引申。引申主要是通过肢体关节的伸直，将身体重心上提，使滑雪板失去压力，以便于对重心进行交换和改变雪板方向。

引申的目的主要是为了减轻对滑雪板的压力，形成"失重"，使其便于改变方向，转弯流畅；便于重心交换，使其明显、确切，增强转弯的节奏感；便于增强转弯主动板的压力，增强转弯效果。

高山滑雪中的重心控制需要根据速度、地形和姿态调整重心，目的是使重心靠前不落后。

现在，我们已经穿好装备来到雪车的比赛现场，让我们一起来了解一下雪车这个被称作"雪地之舟"的比赛项目吧。

雪车也称"有舵雪橇"或"长雪橇"，是一种集体乘坐可操纵方向的雪橇在冰道上急速滑行的运动项目。它形如赛车，风驰电掣般的高速行驶是雪车比赛最大的看点，比赛主要考核雪车运动员的滑行速度。

雪车起源于瑞士，由雪橇发展而来。1924年，雪车在第一届冬季奥运会上被列为正式比赛项目。

雪车

叶肖娜

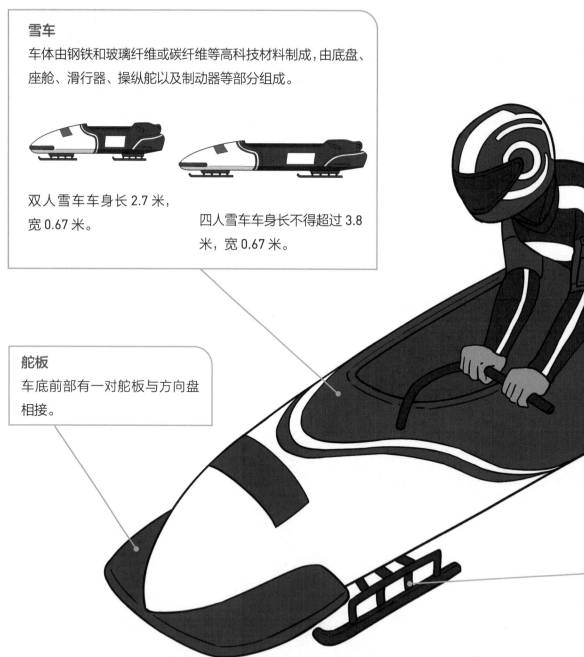

选择装备

雪车是这项运动的主要装备。运动员所用的比赛服、头盔、护肩、护肘等与其他雪上项目的装备类似，但配有专用钉靴。

雪车

车体由钢铁和玻璃纤维或碳纤维等高科技材料制成，由底盘、座舱、滑行器、操纵舵以及制动器等部分组成。

双人雪车车身长 2.7 米，宽 0.67 米。

四人雪车车身长不得超过 3.8 米，宽 0.67 米。

舵板

车底前部有一对舵板与方向盘相接。

制动器
车尾装有制动器。

钉靴
钉靴的底部为刷形并均匀分布靴钉，靴钉的长度不超过 14 毫米，其间隔不超过 3 厘米。

滑行钢刃
车底装有两组独立的滑行钢刃。

北京 2022 年冬奥会雪车项目比赛在位于延庆赛区的国家雪车雪橇中心进行，赛道全长 1975 米，共有 16 个角度、坡度不同的弯道，起点与终点的高度落差超过 121 米。并采用制冷效率高、绿色环保的自然工质氨直接蒸发制冷系统，利用液氨高效的蒸发吸热特性，不停地降低赛道温度达到制冰的目的。

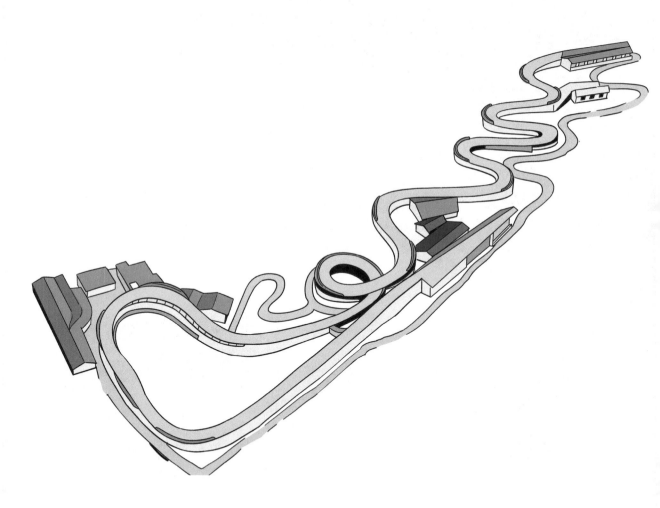

雪车比赛包括 4 个小项，分别为男子四人赛、男子双人赛、女子单人赛和女子双人赛。女子单人雪车为 2022 年北京冬奥会新增小项。

雪车项目对车身重量和运动员的体重都有要求，如车身重量不足，可以为车体配重。出发信号发出 60 秒内，运动员可以手推雪车奔跑获得初始速度，推行距离约为 50 米，然后逐一跳进车内。1 号运动员为舵手，操作操纵舵控制方向；2 号、3 号运动员比赛时左右移动身体控制雪车；4 号运动员为刹车手，负责在雪车通过终点时拉闸刹车。

每场比赛滑行 4 次，比赛时间为 2 天，每天进行 2 轮。第一轮出发顺序由抽签决定。第二轮起出发顺序由前一轮的最后一名先出发，接着顺次出发。累计 4 轮比赛的时间计算成绩，用时最短者获胜。

在滑行时，雪车运动员为什么要低头呢？

雪车是一项依靠重力加速度下滑，极具刺激性和观赏性的运动项目。随着雪车项目的不断发展和科技的进步，现在雪车的造型也越来越"拉风"。但我们发现，不论雪车的材质如何变化，其造型都呈流线型，同时，我们也会发现，雪车运动员在滑行过程中会呈俯身低头的姿势。这是为什么呢？

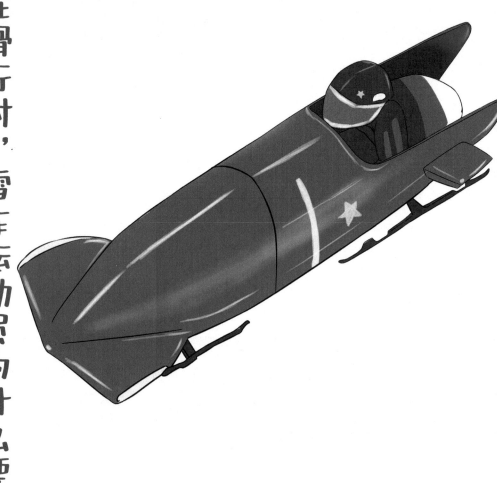

看到运动员们在雪车中风驰电掣般高速行驶的身姿，你是不是一边惊叹不已，一边又对他们乘坐的雪车造型和俯首低头的坐姿充满了疑惑？在中国科技馆就有一件展品可以解答你的疑问。赶紧来看看吧！这件展品是"流体阻力"，它位于中国科技馆二层探索与发现 A 厅，它给我们展现了两个有趣的实验。实验一：三个形状各异的物体，用大小相同的拉力使它们从起点向终点运动，哪个物体跑得更快呢？实验二：两个形状相同的物体，以不同的方式放置，用大小相同的力拉它们，让它们一起从起点向终点运动，哪个物体跑得更快呢？通过实验，你发现了什么？这又是为什么呢？

展品"流体阻力"

物体在流体中运动时所受的阻力，是受内摩擦力和涡旋两个因素影响的。在速度很小时，阻力的大小主要取决于内摩擦力。在速度较大时，阻力主要取决于涡旋，速度越快，涡旋的作用越大。想要有效地减小阻力，就要设法避免涡旋的形成。通过对鱼类的游泳进行观察，发现凡是游得快的鱼，如带鱼、鲨鱼等，都具有一种特殊的雪茄式的形状。通过大量实验证明，把物体做成这种形状，的确能减小涡旋作用或避免涡旋的形成，从而大大地减小流体对它的阻力。目前，这种流线型设计的构思已广泛应用于飞机、潜艇、汽车和轮船等。

当流体在运动中遇到物体时，流体会被物体分开，靠近物体的那部分流体速度会减慢，物体前侧与水的接触面积大，压力较大，物体后侧形成"真空"地带，离物体较远的流体会进行补充，形成"湍流"，压力较小。此时，物体前后压力不同，使物体受到了流体阻力，那么如何减小流体阻力呢？气流在物体上分离得越晚，物体前侧的压力越小，分离后的流体速度越慢，物体后侧的压力就越大，前后压差就越小。流线型物体（前圆后尖，像水滴一样的形状）前方流体可以平滑流过，不至于使压力突然变大，而且分离点向后移动，使物体后侧的涡流区变小，前后压差较小，阻力较小，因此运动速度更快。

雪车的形状正是在此基础上，依据空气动力学原理进行不断改进制造出来的，雪车运动员在高速滑行时都会俯身低头，也是为了减小流体阻力。

动手动脑

❶ 准备材料：水盆、水、厚纸板或塑料板、尺子、铅笔、洗洁精、剪刀、牙签。

❷ 在厚纸板或塑料板上用铅笔画出 3 个边长为 3 厘米的正方形。

❸ 在其中一个正方形上画一个直径为 3 厘米的半圆形，在另一个正方形上画一个高和底边长均为 3 厘米的三角形，剩一个正方形不动。

❹ 用剪刀把画好的形状剪下来，并在每一个形状底边的同一位置剪开一个 U 形凹口，3 只小船制作完成。

❺ 将 3 只小船放在盛有水的水盆中，浮于水面，使它们保持在一条直线上。

❻ 将 3 根蘸有洗洁精的牙签同时触碰每只小船 U 形凹口处的水面。

❼ 观察 3 只小船，哪只小船在水中跑得最快呢？

❽ 试着将厚纸板或塑料板剪成其他形状，重复上面的实验，观察它们运动的变化。

实验中，当洗洁精触碰到小船后面的水面后，水面的表面张力被破坏，形成扩散效果，于是小船开始向前移动。研究物体的不同形状以及不同形状是如何影响物体在水中或空气中运行的科学，称为空气动力学。

水所产生的阻力会作用于在水中运行的物体，而某些形状会减小这种阻力。小船的形状影响其在水中和空气中的运行，小船船头的设计越接近流线型，其运行速度就越快。

因此，半圆形船头的小船移动速度最快，方头小船移动速度最慢。

你知道雪车的发展史及其在技术上的改进吗？

18 世纪 80 年代，两位美国考察人员惠内和蔡尔兹在瑞士的圣莫里茨将两个无舵雪橇一前一后用木板钉在一起（前面的用于控制转弯），并进行了一次比赛。1883 年，英国人把平底雪车装上了车板。1888 年，瑞士的马蒂斯研制出了装有操纵舵的长雪橇，木制架子，铁制滑板。1890 年，爱好者们又制成了装有金属舵板和制动闸的雪车，称其为有舵雪橇。1898 年 1 月，在克雷斯特朗又有 4 人座有舵雪橇问世。1903 年，第一条人工有舵雪橇线路在圣莫里茨建成。

看了半天的比赛项目，大家感觉怎么样？想不想看一项趴着进行的比赛呢？今天，我就给大家介绍一个"趴着"也能赢的项目——钢架雪车。

钢架雪车也称为"俯式冰橇"。运动员俯身贴在雪橇上，借助自身的推力和重力，以俯卧姿势滑行，运动员依靠改变身体姿势来控制滑行的方向。钢架雪车的最高滑速可达到 135 千米 / 时。

钢架雪车源自北美印第安人冬天用来搬运货物的长雪橇。1884 年，在瑞士山区的小城圣莫里茨，有人第一次用类似现代钢架雪车的有舵雪橇进行了比赛，当时该运动被称为"克雷斯塔"。1887 年，出现了类似于钢架雪车的雪橇，因雪橇造型与人体骨架相仿，因此被称为"Skeleton"，意为"骨架"。2002 年，钢架雪车在盐湖城第十九届冬奥会上被正式列入比赛项目。

钢架雪车

杨晶

选择装备

钢架雪车的装备包括比赛服、头盔、手套、雪鞋、车体。

手套

手套的掌心和指腹都有防滑耐磨设计，能帮助运动员在推车过程中握稳鞍部。

车体

钢架雪车长 80~120 厘米，高 8~20 厘米，由承载体、把手、橇架、橇刃等组成。

雪鞋

雪鞋底部有几排密密麻麻的小钉，看着有点吓人，但是能保证运动员出发时与冰面充分接触，刨冰加速前行。

头盔

钢架雪车的头盔是最炫酷的。它既能保暖，又能保护运动员的头部以及下巴。头盔装有固定透明面罩，在保护运动员面部的同时，又不会影响运动员的视野。

比赛服

比赛服是根据空气动力学设计的，用富有弹性、可以紧贴身体且不透气的橡胶材料制成，这样可以降低空气阻力，帮助运动员提高比赛成绩。另外，其肘部具有特殊结构，能起到保护的作用。

选取场地

　　雪车、钢架雪车和雪橇 3 个项目使用同样的比赛场地，但出发位置不同。钢架雪车的比赛滑道长 1200~1650 米，高度落差为 100~150 米，平均坡度为 8°~15°。赛道设有曲线、直线、马蹄形等多种弯道，曲线半径至少 20 米，运动员要顺利滑行通过 14~22 个弯道。

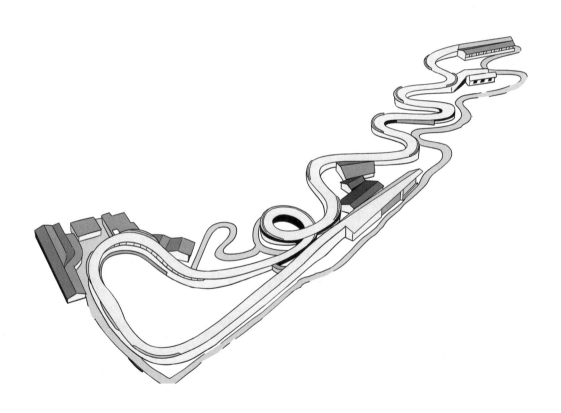

钢架雪车是雪橇项目中唯一一个男、女组同时进行的比赛项目。运动员只能趴在雪车上进行比赛，中途运动员不在雪车上不算犯规，但是通过终点时，运动员必须在雪车上才算成绩。同时，运动员在滑行经过弯道时，因速度快、承受压力大，所以这时不能在赛道中间滑行，要交替擦边滑行。

	男子组	女子组
第一轮	由抽签决定比赛顺序	
第二轮	按第一轮成绩的排名倒序出发	
第三轮	按前 2 轮总成绩的排名次序出发	
第四轮 （决赛）	前 3 轮总成绩排名前 20 的晋级决赛，按前 3 轮总成绩的排名倒序出发	前 3 轮总成绩排名前 12 的晋级决赛，按前 3 轮总成绩的排名倒序出发

四轮总成绩最好者获胜

钢架雪车是勇气和力量的比拼，但为什么运动员滑到终点后不能立即停下？

为什么运动员滑到终点后不能立即停下？

 其乐无穷

看到他们比赛的样子，是不是感受到了比赛现场的紧张氛围？是否对他们滑到终点不能立即停下来充满疑问？在中国科技馆就有一件展品可以解开你的疑惑。赶紧来看看吧！这件展品是"惯性定律"，它位于中国科技馆二层探索与发现 A 厅。在这件展品中，我们看到一列火车在轨道上匀速行驶，在经过中间小桥时，有两个小球从车厢中被向上抛出，这时我们发现，小球并没有落到车厢外，而是又回到了原来的车厢里。这是为什么呢？

展品"惯性定律"

 原来如此

　　惯性定律，即牛顿第一运动定律。具体内容为任何物体都要保持匀速直线运动状态或静止状态，直到外力迫使它改变运动状态。在这件展品中，火车在匀速行驶的过程中，小球在水平方向上与火车具有相同的运动速度，小球被垂直向上抛出时，它在水平方向上不受任何力的作用，空气阻力可以忽略不计。出于惯性，小球在水平方向上仍然保持原来的运动状态，也就是说跟火车保持同样的运动速度，因此在水平方向上，小球和火车始终以同样的速度保持同步运动，最终它在穿过小桥之后，又落回到了原来的车厢里。

动手动脑

❶ 准备材料：玻璃杯 1 个、盘子 1 个、卫生纸纸筒 1 个、鸡蛋 1 枚。

❷ 把玻璃杯放在桌子上。

❸ 在玻璃杯上面放上盘子。

❹ 再把卫生纸纸筒垂直放在盘子中间，直接位于玻璃杯上方。

❺ 再小心地把鸡蛋放于卫生纸纸筒顶部。

❻ 快速地把盘子从玻璃杯侧面横向扫开，鸡蛋就会直接落入玻璃杯中。这是为什么呢？

实验中，鸡蛋在开始时静止不动，在惯性作用下，它会保持这种状态。当用手拿开盘子时，其凸起的边缘会打翻卫生纸纸筒。当鸡蛋的支持力被移除时，在重力作用下，鸡蛋就会垂直向下掉，于是就会出现鸡蛋直接落入玻璃杯中的现象。

　　雪橇运动员在到达终点前，以较快的速度向前运动，当到达终点时，由于惯性，还要保持原来的运动状态继续向前运动，因此当运动员滑到终点时，不能立即停下来。

钢架雪车是如何顺利滑过每个弯道的？

钢架雪车在滑道中顺利地滑过一个个不同的弯道，运动员是怎么做到的呢？我们可以看到，运动员在弯道中，紧握着把手，不停地扭动身体，脚会轻点冰面，来控制钢架雪车滑行的方向和速度，而且不同形状的弯道，运动员脚点冰面的方位、力道等也会随之发生变化。运动员就是对钢架雪车进行力的作用，从而改变它的运动状态，并且力作用的大小、方向、位置不同，钢架雪车的运动状态也会不同，因此钢架雪车可以顺利地通过那些形态各异的弯道。

现在，我们已经全副武装地来到了雪橇的比赛现场，让我们赶紧来了解一下雪橇运动吧。

雪橇也称"平底雪橇""运动雪橇"或"短雪橇"。有舵雪橇就是前面介绍过的雪车。相对于雪车而言，雪橇没有操作滑板的舵和制动器，因此又叫无舵雪橇。运动员仰面躺在雪橇上，通过改变身体的姿势来操纵雪橇进行滑行和回转。

无舵雪橇起源于北欧，又称"北欧冰橇"。据记载，早在 1480 年挪威就已出现无舵雪橇。尽管雪橇起源早、发展快，但是被列入冬奥会比赛项目却相对较晚。1964 年，雪橇在第九届冬奥会上被正式列入比赛项目。

雪橇

邵航

选择装备　雪橇项目的服装包括滑雪手套、雪橇用鞋、雪橇头盔和连身服。雪橇分单座和双座两种类型，每种都有严格的规格限制。

滑雪手套
雪橇运动员所戴的手套指尖部分有长度为 4 毫米的尖锐小钉，以帮助运动员在出发阶段抓住光滑的冰面，从而获得滑行的初始速度。

雪橇用鞋
雪橇比赛用鞋重量非常轻，大约只有 110 克。鞋身表面光滑，鞋底采用防滑的橡胶材质，这样的设计有利于提高运动员在比赛中的操控性。

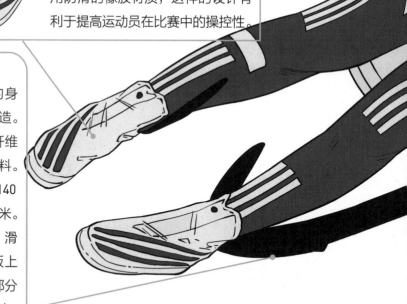

雪橇
每个雪橇都要按照运动员的身高、体重以及身材比例量身打造。雪橇多为木制，表面为玻璃纤维质地，底部多选用钢等金属材料。雪橇的长、宽、高分别为 70~140 厘米、34~38 厘米、8~20 厘米。底面有一对平行的金属滑板，滑板的宽不超过 45 厘米。滑板上部为支架。滑板前面翘起的部分可有一定的柔软性，以利转弯，但不准安装能操纵滑板的舵和制动器。

雪橇头盔

雪橇头盔由玻璃纤维或合成材料制作而成，质地很轻。采用全方位保护系统及低摩擦衬垫，以减少因碰撞对运动员头部产生的冲击。头盔的前部装有可以下拉的透明面罩，保护运动员面部且不影响视野，透明面罩还能大大减小空气阻力。

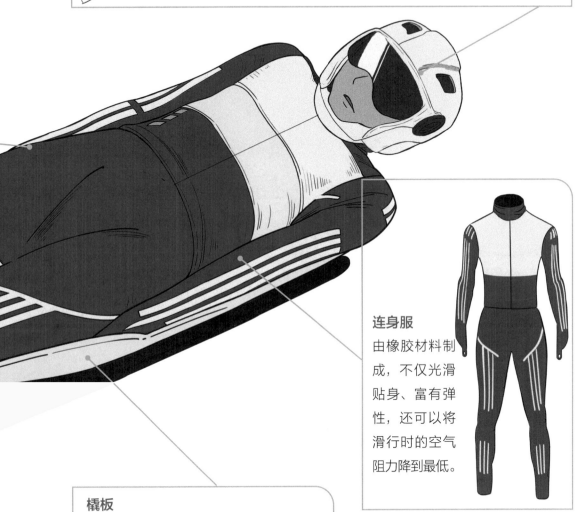

连身服

由橡胶材料制成，不仅光滑贴身、富有弹性，还可以将滑行时的空气阻力降到最低。

橇板

在运动员肩膀和膝盖之间。卧仓宽度55.1厘米，厚度12厘米。

雪车、钢架雪车和雪橇 3 个项目使用同样的比赛场地，但出发的位置不同。无舵雪橇滑行道是采用木材、石头及水泥筑成的具有一定坡度的凹形滑道。整个滑道的平均坡度为 9°~11°，赛道全长可达 2000 米，起点与终点的高度差为 110~130 米。路线形状除直线外，还有左转弯 S 形、菱形等。

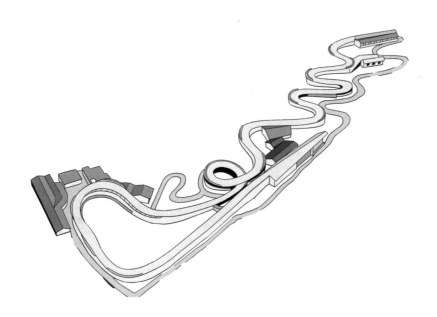

单人赛所用的雪橇重量为 21~25 千克。赛事一般为期两天，每日进行 2 次滑行。最后合计 4 次滑行所用的时间，所用时间最短的运动员为优胜。

双人赛所用的雪橇重量为 25~30 千克，赛事为期 1 天，进行 2 次滑行。最后合计 2 次滑行所用的时间，所用时间短的一队为优胜。

团体接力赛由一名男子单人选手、一名女子单人选手以及一对双人选手组成一个团队。整个比赛都按每次滑行总用时排出名次，用时最短者获胜。

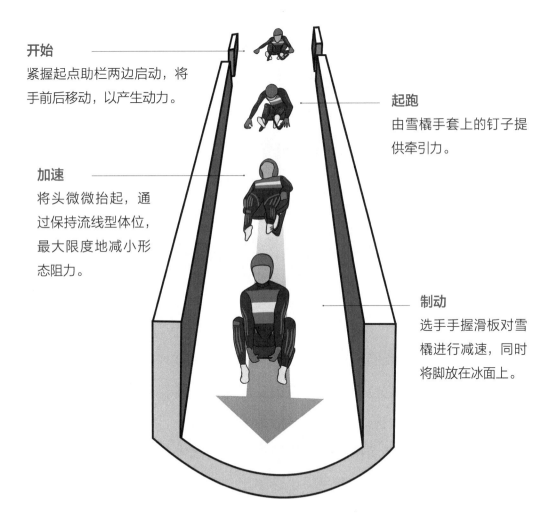

开始
紧握起点助栏两边启动，将手前后移动，以产生动力。

起跑
由雪橇手套上的钉子提供牵引力。

加速
将头微微抬起，通过保持流线型体位，最大限度地减小形态阻力。

制动
选手手握滑板对雪橇进行减速，同时将脚放在冰面上。

为什么雪橇运动员出发时要用力向后拉手柄？

运动员出发时两手要握紧起点线两侧助推栏上的手柄，裁判员发出口令后，运动员两臂用力向后推撑，接着用戴有防滑手套的两手用力向后拨冰（通常2~3下），这是为什么呢？

 其乐无穷

在中国科技馆就有一件展品可以解答你的疑问，我们一起去看看吧。这件展品是"作用力与反作用力"，它位于中国科技馆二层探索与发现 A 厅。生活中，我们看到的大炮背后是没有指针的，这个展品的大炮却有点特别哦！将小球放入炮筒中并选择发射力度的大小。大炮会将小球射出。在小球被射出的同时，炮身后退并撞击后面的指针。选择发射的力量不同，指针的摆幅也就不同，这是为什么呢？

展品"作用力与反作用力"

原来如此

　　根据牛顿第三定律，两个物体之间的作用力和反作用力总是大小相等、方向相反的，并且作用在同一条直线上。炮身之所以会后退，是因为在发射炮弹时，大炮对小球施加了作用力，小球也对大炮施加了反作用力，作用力和反作用力大小相等。选择的发射力度不同，炮身对小球的作用力就不同，这时大炮所受到的反作用力也不同，从而后退时撞击指针的力量也不相同，指针摆幅的大小也就不同了。雪橇运动员出发时要用力向后推撑两侧助推栏上的手柄，这时手柄会给运动员一个同样大小的力，使其快速被弹射出去。

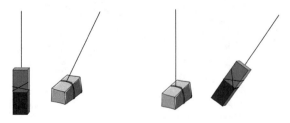

❶ 准备系有棉线的磁铁块和铁块各一个，两个测力计和 1 根弹簧。

❷ 将磁铁和铁块悬空静止靠近放置，按住磁铁，看看铁块是否会被吸引过来？然后按住铁块，看看磁铁是否也会被吸引过来？这是为什么呢？

❸ 再用两个测力计分别钩住弹簧两端，两个人对拉测力计，观察测力计指数，有什么神奇的现象发生呢？

　　磁铁能将铁块吸引过来，铁块也能将磁铁吸引过来，磁铁和铁块之间存在着一对力，相互作用，这就是我们所说的作用力与反作用力。

　　而两个人对拉测力计时，两个测力计的数值始终相同，是不是很神奇？这是因为作用在弹簧上的作用力与反作用力大小相等，并且方向是相反的，仔细观察，它们还在同一条直线上。

　　所以，雪橇运动员出发时两手握紧起点两侧助推栏上的手柄，裁判员发出口令后，运动员两臂用力向后推撑，以获得向前的力。

雪橇运动员依靠什么控制雪橇的方向?

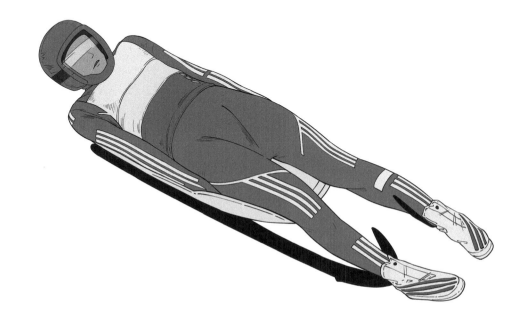

　　雪橇也称为"无舵雪橇",它的底面有一对平行的金属滑板,宽不超过 45 厘米,滑板上部为支架,前部没有舵板,后部也没有制动闸。雪橇运动是一项迅速滑行的运动,由 1~2 名运动员仰面躺在雪橇上,双脚朝前滑下滑道。雪橇运动员通过变换身体姿势来控制雪橇高速回转滑降。

了解完以上项目后，再让我们跟随科小贝了解一些比较刺激的雪上项目。

　　这些项目有跳台滑雪、单板滑雪、自由式滑雪、越野滑雪、北欧两项和冬季两项。

现在，我们已经来到了跳台滑雪的比赛现场，让我们一起来看看这个极具挑战性和观赏性的项目吧。

跳台滑雪简称"跳雪"。运动员脚踏滑雪板，借助自身的体重沿着人工搭建的跳台助滑道飞速下滑，在起跳点腾空，身体在空中沿抛物线飞行直至着陆坡，并滑行到停止区终止。主要考核的是运动员的飞行距离和动作姿势。

跳台滑雪运动兴起于北欧国家。相传，跳台滑雪是古时挪威统治者处罚犯人的一种方式，在犯人的双脚上各绑一只雪板，再将犯人从雪山高处推下，犯人依靠体重下滑，到断崖处时身体被抛到空中，最终摔下死亡。这种惩罚形式后来逐渐发展为跳台滑雪运动。1924 年，跳台滑雪被列为首届冬奥会比赛项目。

跳台滑雪

曹文思

选择装备

头盔
由工程塑料或聚碳酸酯制成，以透气、保暖为主，保护运动员的头部。

滑雪服
一般由合成纤维材料制成，柔韧性强，轻便宽松，可以减小空气阻力。膝盖、臀部和肘部加厚，以保护运动员。

滑雪板
长度为 2.3~2.7 米，宽度不超过 11.5 厘米。跳台滑雪的滑雪板比高山滑雪和越野滑雪的滑雪板更宽、更长，这样能借助风势滑行。滑雪板上方有固定器，当运动员摔倒时，固定器可以自动脱落，防止运动员受伤。滑雪板下方有方向槽，用于控制滑行方向。

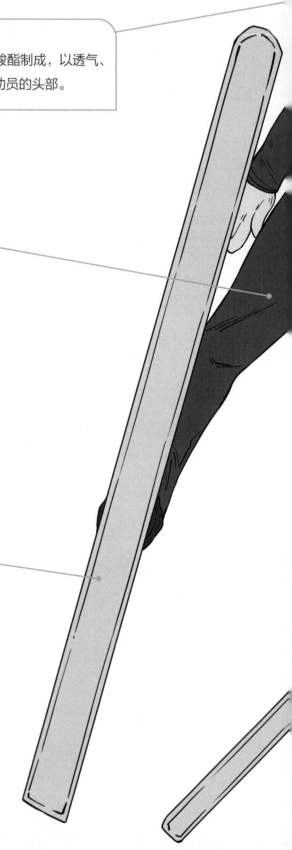

滑雪镜
一般选用视野开阔的球面镜，用于
保护眼睛。

滑雪手套
主要由尼龙布、聚氨酯、
软棉等材料制成，起到
保暖、耐磨和防割伤的
作用。在运动员下蹲、
转弯或摔倒时起保护的
作用。

滑雪鞋
一般由皮革制成，柔韧性好，
鞋腰前面较低后面较高，有
利于保护脚踝，也不影响下
蹲和跳跃等屈膝动作。

比赛场地

跳台滑雪的比赛场地主要包含两种跳台，分别为标准跳台和大跳台。跳台的比赛场地主要分为起滑门、出发台、助滑坡、起跳点、标准点、着陆坡和裁判台 7 部分。

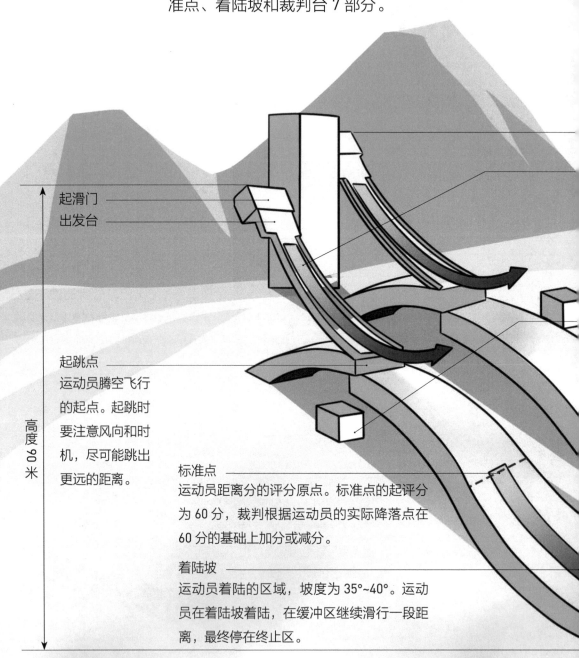

起滑门

出发台

高度 90 米

起跳点
运动员腾空飞行的起点。起跳时要注意风向和时机，尽可能跳出更远的距离。

标准点
运动员距离分的评分原点。标准点的起评分为 60 分，裁判根据运动员的实际降落点在 60 分的基础上加分或减分。

着陆坡
运动员着陆的区域，坡度为 35°~40°。运动员在着陆坡着陆，在缓冲区继续滑行一段距离，最终停在终止区。

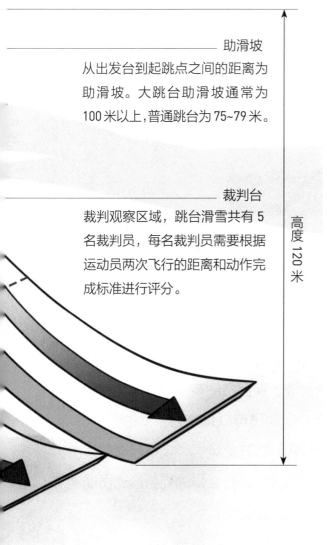

助滑坡
从出发台到起跳点之间的距离为助滑坡。大跳台助滑坡通常为100米以上，普通跳台为75~79米。

裁判台
裁判观察区域，跳台滑雪共有5名裁判员，每名裁判员需要根据运动员两次飞行的距离和动作完成标准进行评分。

高度120米

看懂输赢

比赛分为两轮，两轮分数总和为最终得分。比赛分值由飞行距离分和完成姿势分组成。

飞行距离分和跳台级别有关。级别越高，分值越低。标准点为评分原点，超过标准点，将超过的米数乘以每米分值再加上60分，达不到标准点的则用未达到的米数乘以每米分值，再从60分中减去，剩下的为运动员飞行距离分。

完成姿势分满分为60分，5名裁判，每名最高20分，去掉一个最高分和一个最低分，剩下3个相加为最终姿势得分。

团体赛所有队员成绩之和为最终成绩。

为什么起跳后一定要变换姿势？

跳台滑雪运动分为四个阶段，分别是助滑、起跳、飞行和着陆。运动员在助滑阶段身体下蹲，双臂紧贴身体，依靠自身的重力在助滑道上加速，但从跳台起跳点飞出后就会调整姿势，身体前倾、上身微弯着向前飞行。为什么一定要从下蹲的姿势调整成这种姿势？

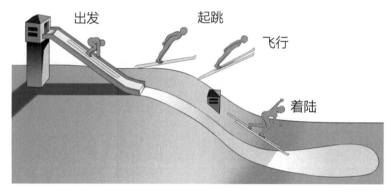

出发　　起跳　　飞行　　着陆

其乐无穷

看到运动员的比赛姿势是不是觉得惊险又刺激？你有没有发现他们变换姿势的奥秘？在中国科技馆有一件展品，能帮你回答上面的问题。这件展品是"御风飞翔"，它位于中国科技馆临时展厅，展品由多媒体视频和一个互动展台组成。展台右侧有一个鼓风机，展台左侧是运动员模型，运动员可以调整为不同的姿势。你可以点击展台上的按钮，打开鼓风机，观察运动员模型在不同姿势下所获得的升力，什么样的姿势运动员能"飞"得更远呢？这是为什么呢？

展品"御风飞翔"

原来如此

物体在流体中运动，会受到与其运动方向相反的力，即流体阻力。运动员在飞行过程中，如果与空气流动的方向恰好相反，就会受到向下的重力和向后的空气阻力，如果运动员的飞行方向与空气流动的方向成一定角度，那么由于迎风面积增加导致空气阻力也增加了，但是也使运动员获得了向上的升力。当角度达到一定程度时，升力和阻力达到合适的比值，运动员可以"飞"得更远。

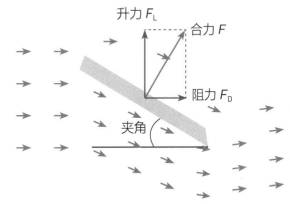

❶ 准备一张彩纸或普通 A4 纸，裁
成正方形。

❷ 将正方形沿中线对折。

❸ 将对折后的正方形展开，沿中
线把对称的两个角往里折，对准
中线，折出两个三角形。

❹ 顺着三角形的位置继续向内翻
折，与中线对齐。

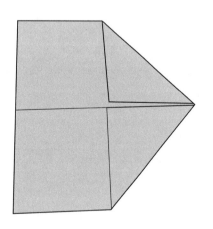

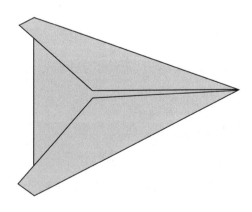

❺ 沿中线将飞机两侧向内对折，两边折回后对齐。

❻ 将折好的外侧边向外翻折，与中线对齐。

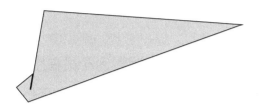 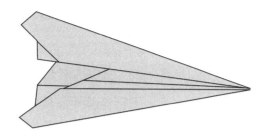

❼ 以同样的力度进行投掷,改变投掷的角度,观察在哪种角度下飞机"飞"得更远。

飞机在起飞时，与空气流动方向成一定的角度，导致空气阻力为飞机提供了向后的阻力，同时也提供了一个向上的升力。飞机的迎风角度发生变化，飞机所受的升力和阻力也会发生相应的变化，当迎风角度逐渐增大时，飞机所受的升力也在逐渐增加，飞行距离也在不断增加；当迎风角度增加到一定程度后继续增大时，阻力会骤然增加很多，导致飞行距离缩短。因此，当飞机被调整到适当的迎风角度时，飞行距离达到最大。跳台滑雪同飞机起飞的原理类似，调整运动员的迎风角度达到合适的数值时，运动员能够获得最远的飞行距离。

除运动员的迎风角度以外，科学家做过大量的实验后发现，跳台滑雪运动员的飞行距离还和运动员身体的弯曲程度、身体与滑雪板的角度、两只滑雪板的角度等密切相关。为了"飞"得更远，运动员身体的弯曲程度应该在14°~18°，身体与滑雪板的角度应该在16°~20°，两只滑雪板应该呈V形，夹角应该为24°~32°。

为什么跳台滑雪运动员从高处着陆不会受伤?

如果你仔细观察就会发现,跳台滑雪运动员在空中飞行结束后,从很高的位置自由落体并着陆,却不会受伤,这主要有两方面的原因。

第一,着陆区一般都是一个坡,而不是平面,因此,运动员着陆时,不会在很短的时间内从很快的速度降低为零,还有很长一段时间可以慢慢地将速度降下来,所以不会产生太大的冲量。因此,对跳台滑雪的场地设置有严格的要求。

第二,根据动量定理 $Ft=mv_2-mv_1$,力对时间的累积效应可以表示为物体的冲量,当冲量一定时,时间越短,物体受到的力越大;时间越长,物体受到的力越小。因此,运动员在下落时一般将双腿前后分开呈弓箭步,双腿屈膝,着陆时,下肢肌肉可以做退让性收缩,尽可能地增加力的作用时间,从而减小由于力的作用对身体造成的损伤。

每到冬天，各大滑雪场上总是人头攒动，和传统的双板滑雪相比，单板滑雪的爱好者现在是越来越多了。不过，要说到身为奥运项目的单板滑雪，你又知道多少呢？下面就让科小贝来介绍一下吧！

单板滑雪起源于 20 世纪 60 年代的美国。1998年，长野冬奥会上首次出现了单板滑雪比赛。它是利用一个滑雪板为工具，在规定的山坡线路上进行回转、滑降或在特设的 U 形场地内借滑坡在空中完成高难度动作的雪上竞技项目。单板滑雪运动员运动时的姿势潇洒，运动体验较为刺激和有趣，因此，单板滑雪在全世界范围内拥有大批的业余爱好者。

单板滑雪

杨楣奇

单板滑雪运动员的装备可分为穿戴装备和滑雪器材两类。穿戴装备包括滑雪服、滑雪头盔、滑雪镜和滑雪手套。滑雪器材包括滑雪板、固定器和滑雪鞋。

滑雪鞋
相对于双板滑雪鞋，单板滑雪鞋较软，内胆可以拆卸。

固定器
固定器将滑雪鞋和滑雪板牢牢固定在一起，起到连接作用。

滑雪板
单板滑雪的滑雪板按照比赛项目分为很多种类，比如适合大回转比赛的竞速滑雪板，较为全能的自由式滑雪板等。在挑选固定器和滑雪板时，要结合项目特点和选手的习惯、身高等因素进行选择。

滑雪头盔
滑雪头盔用于防止在高速运动中发生险情撞击到头部。

滑雪镜
滑雪镜可以保护运动员的眼睛不受紫外线的伤害。

滑雪服
滑雪服要具备防水、防风、透气、保暖等功能，还要保证运动员活动自如。

滑雪手套
滑雪手套能起到保暖和保护手部的作用。

单板滑雪比赛项目主要包括平行大回转、U形场地技巧、坡面障碍技巧、大跳台、障碍追逐等。

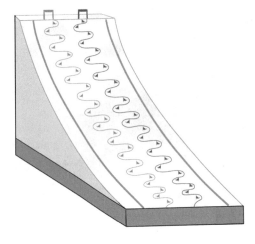

平行大回转

赛道全长 400~700 米，垂直落差 120~200 米，赛道上的旗门用红色和蓝色加以区分。

障碍追逐

赛道全长 800~1500 米，坡道宽 40 米，平均坡度 12°，高度差为 140~260 米。

U 形场地技巧

赛道一般由人工搭建，滑道宽度为 15 米，全长 120 米。滑道的终点为裁判台。

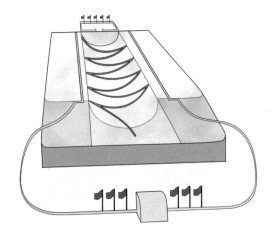

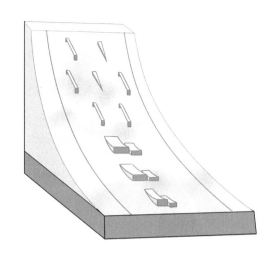

坡面障碍技巧

滑行长度约为 640 米，宽度至少为 30 米，垂直落差约 150 米。坡道滑行路线的前三段为道具杆技巧段，后三段是坡面跳跃段。

大跳台

大跳台为第二十三届冬奥会单板滑雪的新增单项，场地宽 8 米，赛道全长大约 138 米。

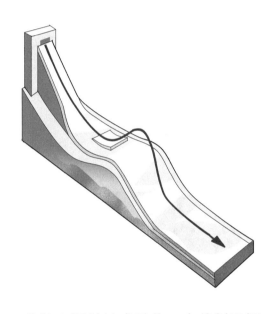

平行大回转参赛选手出发的顺序是由晋级赛的排名顺序决定的。

比赛分为两轮，运动员需运用回转动作穿过三角旗门，第二轮比赛中率先冲过终点的运动员获胜。

U 形场地技巧比赛和坡面障碍技巧比赛都需要运动员根据比赛要求做出相关技术动作。由裁判员根据运动员完成动作的技巧、难度等进行评分，判定最终成绩。

比赛分为两轮，运动员需在滑行中穿过规定的旗门，利用规定技术动作穿过障碍物，第二轮比赛中率先通过终点的运动员为优胜。

我特别爱看单板滑雪中的 U 形场地技巧比赛，运动员们每次腾空做出高难度动作时，都让人觉得既揪心又刺激！不过令人好奇的是，运动员们能够控制他们在空中旋转的速度吗？

单板滑雪运动员在空中
如何控制自己的旋转速度？

其乐无穷

让我们走进中国科技馆一探究竟吧！这件展品叫作"转动惯量"，它是由质量相同、外形不同的六个转轮和两个长度相同的轨道组成的。六个转轮又按照两个圆形、两个方形、两个异形分成三组，每个转轮上都有3 个可以往轮中心或外围移动的配重。参与者可以选择相同形状的转轮，调整配重的分布后，在轨道上进行下滑比赛。经过操作可以发现，转轮的质量分布决定了它们下滑的速度。同样形状的转轮，配重分布集中的转动速度更快。

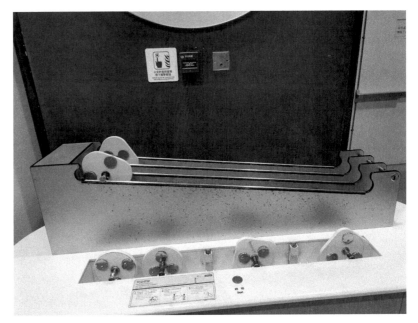

展品"转动惯量"

原来如此

　　我们把物体在旋转运动时产生的惯性叫作转动惯量。转轮转动时，转动惯量会阻止转轮转动。转动惯量与物体的形状、质量分布和转轴的位置有关。当两个转轮的质量相同时，配重分布离转轴越远，转动惯量越大，转动速度就越慢。当转轮的质量不同，而配重分布、形状相同时，质量大的转轮转动惯量更大。

动手动脑

❶ 准备一个可以 360° 旋转的转椅和两个装满水或沙子的矿泉水瓶。

❷ 坐在转椅上，两只手各拿一个矿泉水瓶，以两臂侧平举的方式开始旋转，记录旋转的圈数或感受旋转的速度。

❸ 两只手各拿一个矿泉水瓶，双臂交叉在胸前，坐在转椅上开始旋转（转动转椅的力度尽量与之前保持一致），记录旋转的圈数或感受旋转的速度。

❹ 比较两种姿势旋转的速度是否有区别。

经对比后发现，尽管两次旋转拿的矿泉水瓶质量相同，但由于双臂的姿势不同，在转椅上转动的速度就不一样。当双臂伸直时，被当作配重的矿泉水瓶离转轴（人体）较远，转动惯量增大，转椅旋转速度较慢。当双臂交叉在胸前时，被当作配重的矿泉水瓶离转轴（人体）较近，转动惯量减小，轮椅的旋转速度较快。我们可以再思考一下，两个体重相差较多的人，用同样的姿势拿着相同重量的矿泉水瓶坐在转椅上旋转，谁的速度更快？为什么？

　　我们再来看，在单板滑雪中，滑雪运动员会利用跳台或 U 形池给出的腾空空间，做出各种各样的旋转技术动作，比如潇洒的"抓板"动作，让人看了大呼过瘾。仔细观察这些动作后不难发现，运动员在高速旋转的同时，身体总是呈蜷缩或是"弯曲"的状态。在完成转动圈数或相应技术动作后，运动员的身体逐渐伸展，并逐渐下落至地面。当运动员的身体蜷缩或"弯曲"时，相当于减小了自身半径，不仅能够稳定身体，还可以减小转动惯量，因为角动量守恒，所以角速度就增大了。

滑雪运动员在滑行时为什么能看起来"倒而不摔"？

为什么很多滑雪高手在滑行时看起来身体已经要"躺"倒在雪地上了，却不会摔倒呢？我们可以观察运动员的姿势，当切换方向或是急刹车时，运动员脚下的滑雪板会瞬间被"卡死"在雪面上，虽然脚下的滑雪板在这一刻短暂地停住了，但是由于惯性，人体会继续向前。所以在滑行时，运动员的身体需要提前做出判断，提前向后倾倒，当惯性把身体往前推时，在重力的影响下，惯性和重力相互抵消，人便可以保持平衡了。

自由式滑雪在 20 世纪 20 年代起源于欧洲，在高山滑雪的基础上发展而来，60 年代传入美国。1971 年，美国新罕布什尔州举行了世界上第一次正式的自由式滑雪比赛。1992 年，自由式滑雪正式被列入冬奥会比赛项目。自由式滑雪是以滑雪板和滑雪杖为工具，在专门的滑雪场上完成一系列的规定和自选动作的一种雪上竞技项目，是一项表演与竞技结合充满勇气与挑战的运动。

2022 年北京冬奥会的自由式滑雪项目共有 13 个小项，其中男子大跳台、女子大跳台、空中技巧混合团体是新增的小项。

自由式滑雪

杜心宁

滑雪板

雪上技巧滑雪板，男子的不得短于 190 厘米，女子的不得短于 180 厘米。空中技巧滑雪板的长度没有限制。所有滑雪板的固定器都要安全可靠，并具有自动脱落系统。

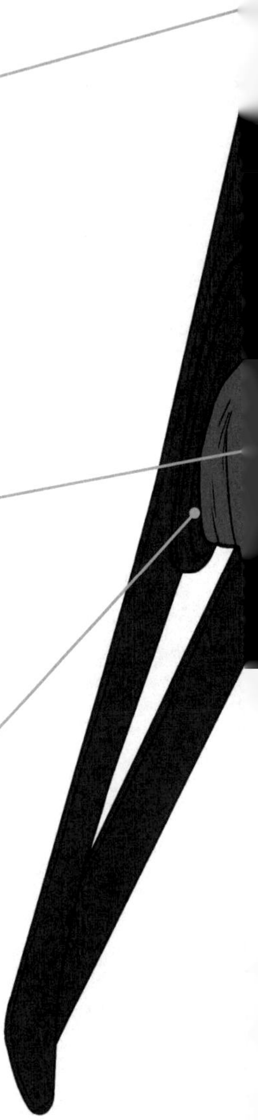

连体服

空中技巧的连体服都是量身定做的，裤腿下有弹力带，这样可以把运动员的裤子拉得更直。分身款式的裤腿下也会有弹力带，但裤腿略短。雪上技巧的分体裤子要求宽松，膝盖处有一块拼接颜色，以区别裤子本色，方便裁判清晰地看到运动员膝盖的动作。

滑雪靴

可以保护脚踝，将脚踝及小腿下部紧紧裹住，将脚与鞋固定成一个整体。

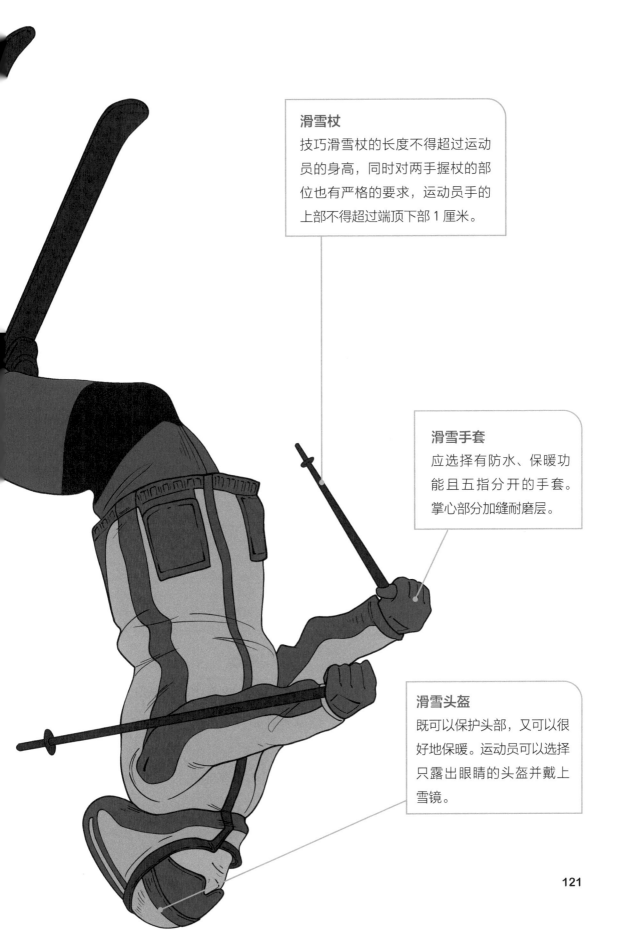

滑雪杖
技巧滑雪杖的长度不得超过运动员的身高，同时对两手握杖的部位也有严格的要求，运动员手的上部不得超过端顶下部 1 厘米。

滑雪手套
应选择有防水、保暖功能且五指分开的手套。掌心部分加缝耐磨层。

滑雪头盔
既可以保护头部，又可以很好地保暖。运动员可以选择只露出眼睛的头盔并戴上雪镜。

选取场地

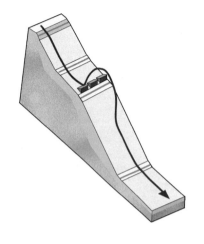

空中技巧

比赛场地由出发区、助滑坡、过渡区、平台区、跳台、着陆坡和终点区组成。出发区和终点区应设在开阔地带。助滑坡长约 70 米，宽 14 米，坡度约 25°。过渡区长约 21 米，宽约 14 米。着陆坡长约 25 米，宽 18 米，坡度约 38°。

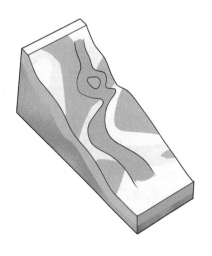

雪上技巧

比赛场地长 200~270 米，宽 15~25 米，坡度 24°~32°。

障碍追逐

比赛场地长 800~1300 米，垂直落差 140~260 米，坡度 12°~22°。

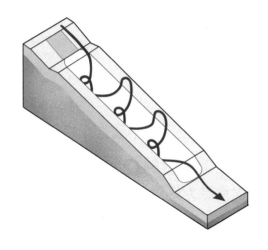

U 形池场地技巧

比赛雪槽长 150~170 米，宽 19~22 米，槽壁高 6.7 米，坡度 17°~18°。

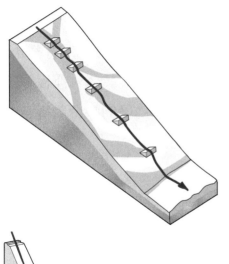

坡面障碍技巧

坡面障碍技巧赛道地形复杂，设有多条路线供运动员选择，赛道包括坡面、跳台、轨道、平台等部分。场地垂直落差最小 150 米，斜坡平均角度 12° 以上，宽 30 米。赛道最少有 2 个不同的地貌，最少有 3 个跳台。

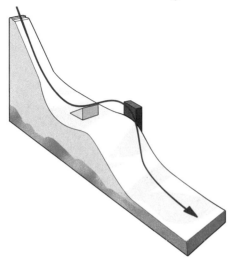

大跳台

大跳台场地分为助滑区、起跳台、着陆坡和终点区 4 个部分。跳台宽 5 米，高 2 米，起跳角度 25°。

空中技巧

运动员完成的动作包括腾空、空中动作和着陆三部分。裁判按照起跳、空中动作和着陆三部分来打分，三部分分数相加再乘以难度系数为最后得分。

雪上技巧

裁判根据回转动作和空中动作质量的分数与运动员完成比赛用时换算成的分数相加评定名次。

障碍追逐 U 形场地技巧

用计时来确定运动员的名次，先到达终点者获胜。运动员用自由式滑雪技巧完成空翻、转体、抓板等技术动作。裁判员根据整体印象对运动员的整个滑行表现进行打分，出现失误将扣分。

坡面障碍技巧大跳台

要求运动员完成比赛的时间不少于 20 秒。裁判员根据选手起跳的高度与远度、空中实现技术的难度以及落地滑行的姿态打分，并确定进入下一轮比赛的选手，晋级者最终通过决赛排出名次。

　　自由式滑雪是选手们在斜坡上自由滑降，通过表演空中技巧来比拼艺术性的比赛，也被称为雪原的杂技。与比拼速度的高山滑雪不同，自由式滑雪最大的特征是能欣赏到选手们华丽的空中技巧，如后空翻、转体等。其中的 U 形场地技巧是在一个形状类似于 U 形的槽子里进行的。在一轮比赛中，运动员们一般需要在 U 形池内做 5~6 个动作，得分根据动作的腾空高度和转体角度以及动作的流畅性及美观性来判定。那么，运动员如何滑出更高的高度呢？

有问必答

为什么会越滑越快？是不是更快才能更高？

其乐无穷

　　在中国科技馆二层的探索与发现 A 厅有一件展品——"秋千与摆"，展品主要展示的是秋千系统重心高度与对面球摆重心高度大致相同，即秋千系统的摆长与对面球摆的摆长基本相等，因此，两者固有频率基本一致，当驱动秋千时，便产生了共振现象。

　　大家平时在荡秋千时有没有注意到，怎样才能让秋千越荡越快、越荡越高呢？

展品"秋千与摆"

 ## 原来如此

　　在荡秋千时，来回晃动可以让秋千越荡越高，同样，在 U 形场地中，来回滑动也可以使运动员越滑越快，越滑越高。随着来回滑动，提高了物体的质心（物体质量的中心）。在荡秋千或者在 U 形场地中滑雪时也是如此，在 U 形场地中来回滑动时，运动员一开始保持屈身动作，直到滑到 U 形场地的底部。而当运动员开始沿着 U 形场地另一侧向上滑行时，会蹬直双腿，直起身来。运动员会通过提升自身的质心，来增加重力势能。随后，重力势能又转化为动能，这样，运动员就会越滑越快，而且飞离道壁的腾空高度也会越滑越高。

动手动脑

❶ 准备材料：长约 45 厘米的绳和手掌大小的玩偶。

❷ 把玩偶系在线绳的一端，将线绳上的玩偶当成钟摆一样使用。

❸ 右手抓住线绳的另一端，将玩偶置于身前。

❹ 左手将玩偶朝左拉起几厘米，同时绷紧线绳。

❺ 右手保持稳定，左手松开玩偶，观察来回晃动的玩偶，看看玩偶在晃动过程中发生了什么。

❻ 重新再做一遍，但在这次实验中，当玩偶晃到弧形路线的最低点时，向上提起线绳大约 2.5 厘米。当玩偶继续朝上晃动时，再将线绳和玩偶放回到原有的高度。

❼ 每当玩偶晃动时，都提起或放下线绳，看看玩偶在晃动过程中会发生什么。

当你提高处在弧形运动线路底部的晃动的玩偶时，你也在提升玩偶的质心，从而给了它更多的重力势能。当玩偶沿着弧形线路向上晃动时，你将线绳放回到原来的高度，这样你原本多施加的那部分重力势能又转化成了动能。当你每次向上拉线绳时，玩偶都会获得新的动能，因此，玩偶就会越晃越高了。

运动员如何做出更多的花样技巧？

滑雪运动员需要在 U 形滑道上滑出很快的速度才能做出更多的花样技巧。当运动员的滑速足够快时，他们就可以滑出 U 形场地的顶部，飞到半空中，这样，在受重力作用的影响落回地面之前，他们就可以做出很多不同的花样技巧，同时还可以在空中翻身旋转。

现在，我们已经全副武装来到了越野滑雪的比赛现场，让我们赶紧来了解一下越野滑雪这个惊险、刺激的运动项目吧。

越野滑雪是借助滑雪用具，运用登山、滑降、转弯、滑行等基本技术，在连绵的雪山之间长距离滑行的运动项目。主要考核运动员的速度和耐力。

越野滑雪是较为古老的冰雪运动项目之一。中国新疆阿勒泰是世界越野滑雪的起源地之一，在这里发现了一万多年前用的滑雪板。在欧洲，越野滑雪出现于 13 世纪。据记载，挪威内战时，战场上两名侦察兵为了保护当时只有 2 岁的国王哈康四世，以脚踏滑雪板的方式在雪山上翻山越岭，最终摆脱了敌人的追捕。后来，挪威每年都举行越野滑行赛来纪念这个历史事件。1924 年，越野滑雪在第一届冬奥会上被列为比赛项目。

越野滑雪

曹文思

比赛装备 越野滑雪的装备包括滑雪板、滑雪服、滑雪手套、滑雪鞋、滑雪帽、滑雪杖和滑雪镜等。

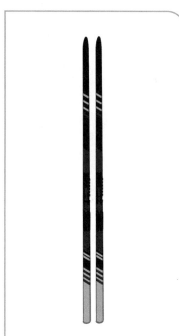

滑雪服
具有保暖性、透气性、高弹性，保证选手活动自如。

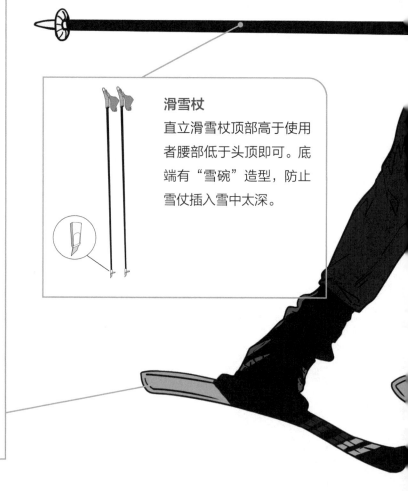

滑雪杖
直立滑雪杖顶部高于使用者腰部低于头顶即可。底端有"雪碗"造型，防止雪仗插入雪中太深。

滑雪板
越野滑雪的滑雪板比高山滑雪的滑雪板更轻更窄。固定器只固定脚趾，脚跟可以抬起。因为运动方式不同，越野滑雪板分传统式板和自由式板。传统式板稍长，板底涂防滑蜡和增滑蜡，以便于蹬动滑行；自由式板长度稍长，板底涂增滑蜡，以便于滑行。

滑雪镜

选用视野开阔的球面镜，同时保护眼睛不受阳光刺激。

滑雪手套

不能太厚，表面使用增加与手杖之间摩擦力的材质，防止手杖脱落。佩戴时，内面不能有褶皱，防止手被磨出水泡。

滑雪鞋

传统式滑雪鞋的鞋帮略低，保证对脚踝有一定的支撑，同时又能让脚踝有很好的活动范围。自由式滑雪鞋的鞋帮高出踝骨，保证对脚踝形成一定的支撑又保证踝关节不受限制。

选取场地

越野滑雪项目选择地形复杂多变的场地，运动员可以全面完成登山、转弯、滑行、滑降等技术，突出"越野"的特点。

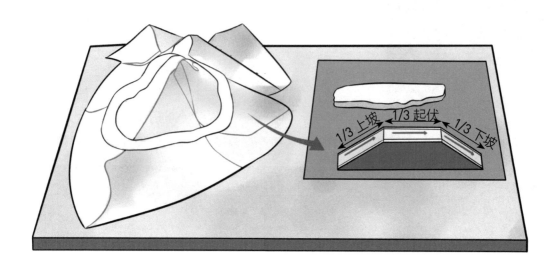

越野滑雪的场地对雪质、雪量和线路宽度都有严格的限制。场地的雪面要经过人工踏压、捣固或专业机械处理来保证雪质。捣压后，雪的厚度至少要有 30 厘米。线路宽度为 4~5 米。

上坡、平地和下坡各占 1/3，避免单调而过长的平地滑行、难度过大的急陡坡滑降以及连续较长距离的蹬行，开始阶段较易滑行，难度出现在全程的 3/4 处，终点前 1 千米不能出现危险滑降。

传统技术比赛场地需要压制专用雪槽，雪板在雪槽里滑行。

132

越野滑雪比赛有传统技术和自由技术两种。在冬奥会比赛中，传统技术和自由技术交替进行，上一届进行的若为传统式比赛，下一届进行的就为自由式比赛。传统技术雪板必须在雪槽中，不允许单脚或双脚有任何蹬雪的动作，可以用双杖推撑滑行、双脚交替滑行、八字踏步、转弯或滑降。自由技术对蹬动动作不做限制。

	男子组	女子组
个人赛	滑行 15 千米 传统技术 / 自由技术	滑行 10 千米 传统技术 / 自由技术
个人短距离赛	滑行 1~1.8 千米 传统技术 / 自由技术	滑行 0.8~1.6 千米 传统技术 / 自由技术
团体短距离赛	滑行 1~1.8 千米 传统技术 / 自由技术	滑行 0.8~1.6 千米 传统技术 / 自由技术
双追逐赛	滑行 15 千米 +15 千米 前半段传统技术 / 前半段自由式滑行	滑行 7.5 千米 +7.5 千米 前半段传统技术 / 前半段自由式滑行
集体出发赛	滑行 50 千米 传统技术 / 自由技术	滑行 30 千米 传统技术 / 自由技术
接力赛	每队 4 位选手 滑行 4×10 千米 第一、第二位选手使用传统技术滑行 第三、第四位选手使用自由技术滑行	每队 4 位选手 滑行 4×5 千米 第一、第二位选手使用传统技术滑行 第三、第四位选手使用自由技术滑行

越野滑雪是速度和耐力的比拼，滑行速度非常快，但是你有没有发现，运动员在滑道上的姿势都差不多，双脚分开，屈膝站立，为什么他们会用这个姿势呢？

其乐无穷

看到越野滑雪运动员比赛的样子，是不是感受到了比赛现场的紧张氛围，而且对他们的比赛姿势充满疑问？在中国科技馆就有一件展品可以解开你的疑惑。赶紧来看看吧！这件展品是"空中自行车"，它位于中国科技馆二层探索与发现 A 厅。生活中，我们发现刚学骑自行车时，很难掌握平衡，在钢丝上骑自行车是不是更容易倾倒呢？其实不然，在这件展品中，两个柱子间有一根钢丝绳，还有一辆可以在钢丝绳上骑行的自行车，自行车的下方配置了一个大的配重块，你只要坐在座椅上正常骑车，自行车就可以在钢丝绳上平稳前行而不倾倒。这是为什么呢？

展品"空中自行车"

原来如此

　　由于地球的吸引使物体受到的力叫作重力。重力的方向是竖直向下的，物体各部分所受重力的合力作用点叫作物体的重心。支撑面上物体的稳定程度叫作稳度。物体的稳度与重心以及支撑面有着紧密的联系，重心落在支撑面范围内，物体才能维持稳定，重心离开支撑面范围，物体就会进入不稳定状态，有一种倾倒的趋势。在这件展品中，人、车、配重组成一个系统，这个系统的支撑面很小，由于很多原因，容易使重心离开支撑面的范围，有一种倾倒的趋势。由于和人连在一起的配重块也会发生倾斜，如果系统的重心在钢丝绳的下方，那么配重块会形成力矩，使人和车减小倾斜，回到竖直状态。因此，只要体重在一定范围内，使系统的重心在钢丝绳的下方，那么可以在系统要倾倒时，通过力矩作用实现"稳定平衡"。

动手动脑

❶ 准备 4 张同样大小的正方形硬纸板。

❷ 一张沿对应两边的中点剪开，形成两个小长方形，取其中一个标记为 1；另一个不做修剪，标记为 2。一张沿一边中点和对应的另一边的两个顶点剪开，形成等腰三角形，并标记为 3。一张沿对角线剪开，形成两个直角三角形，取其中一个标记为 4。

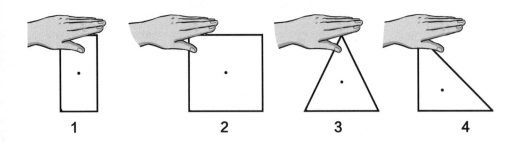

136

❸ 通过连线法和悬线法找到四张纸板的重心。

❹ 把四张纸板面向你立起来，食指放在硬纸板顶边的中间，慢慢向左移动，观察四张硬纸板旋转到什么程度就会倒下，哪张最容易倾倒，哪张最不容易倾倒？为什么？

最容易倒下的是1（长方形）和4（直角三角形），其次是2（正方形），最后是3（等腰三角形）。物体的重心位置和支撑面与物体平衡有着紧密的联系。当重心在支撑面内时物体能处于直立状态并保持平衡，当重心在支撑面以外时物体处于不稳定的状态，容易倾倒。

1和2相比，长方形支撑面较小，旋转时重心很容易移到支撑面以外，从而倾倒；正方形支撑面较大，旋转时重心不容易移到支撑面以外，更稳定。就像运动员双腿并拢与双腿分开相比，虽然重心高度没有太大的变化，但是由于双腿分开，支撑面变大，所以更稳定。

2和3相比，等腰三角形和正方形支撑面一样大，但正方形的重心更高，旋转时，重心更容易移到支撑面以外，从而倾倒。等腰三角形重心较低，旋转时重心不容易移到支撑面以外，所以更稳定。就像运动员双腿分开与双腿分开并下蹲相比，虽然支撑面没有变化，但下蹲使重心更低，所以更稳定。

3和4相比，等腰三角形和直角三角形支撑面一样大，重心一样高，但等腰三角形的重心在支撑面的正上方，旋转时不容易移到支撑面以外，所以更稳定。直角三角形的重心则偏离了支撑面的正上方，旋转时很容易转到支撑面以外，从而倾倒。就像运动员同样是双脚分开，屈膝下蹲，但身体竖直，不向两边倾斜时，更稳定。

越野滑雪板为什么要涂两种蜡?

增滑蜡

防滑蜡

增滑蜡

　　滑雪运动员在比赛开始前都会精心处理一下自己的滑雪板,这个处理过程就是给滑雪板底部打蜡。他们为什么这么做呢?

　　滑雪运动员给滑雪板打的蜡通常分为两种:一种目的为减小摩擦力,提高滑行速度,叫增滑蜡;一种目的为增大摩擦力,提高"奔跑"时的抓地力,叫防滑蜡。越野滑雪比赛中,滑雪路段不光会有下坡,还会有平地和上坡,它们各占 1/3,运动员既需要滑行,也需要"奔跑"。所以,在越野滑雪的传统式滑雪板的两头涂上一层增滑蜡,减小滑行时的摩擦力,而中间部分涂上防滑蜡,增大摩擦力,提高运动员"奔跑"时的抓地力,从而使运动员更快地到达比赛终点。

现在，我们已经穿戴好装备来到了北欧两项的比赛现场，让我们一起来了解一下北欧两项这个被称作"男子汉的较量"的比赛项目吧。

北欧两项起源于北欧，由跳台滑雪和越野滑雪组成，在挪威和瑞典流传了很长时间，成为北欧传统项目，又称"北欧全能"。主要考核运动员跳台滑雪的距离和越野滑雪的速度。

斯堪的那维亚半岛地区冬季雪多，适于开展滑雪运动，但因缺乏阿尔卑斯山脉那样的高山，高山滑雪不够普及和发达，而越野滑雪和跳台滑雪却得到了较好的开展，于是出现了既要求越野滑得快，又要求跳台跳得远的北欧两项比赛项目。这个项目是几个北欧国家的体育强项。18 世纪中期，挪威开始出现北欧两项运动，但直到 20 世纪初这项运动才成为世界性的比赛项目。1883 年，北欧两项被列入霍尔门科伦滑雪大奖赛。1924 年，北欧两项在第一届冬奥会上被列为比赛项目。1988 年,第十五届冬奥会开始设有团体项目。

北欧两项

叶肖娜

北欧两项运动的装备包括跳台滑雪装备和越野滑雪装备，如跳台滑雪板、滑雪连体服、滑雪鞋、滑雪头盔，越野滑雪板、滑雪杖、滑雪服，还有滑雪手套、滑雪镜等。

越野滑雪

滑雪镜
滑雪镜的镜框较窄且软，紧贴面部，既防风雪又便于查看路况。

滑雪杖
滑雪杖由铝、碳纤维、玻璃纤维或增强塑料等复合材料制成，起到支撑和控制平衡的作用。

滑雪板
滑雪板由于运动方式有别，自由式技术和传统式技术使用的滑雪板的长度等有所不同。

跳台滑雪

滑雪头盔

滑雪头盔可以有效地保护运动员的头部，一般由工程塑料或聚碳酸酯制成。

滑雪连身服

滑雪连身服由合成纤维材料制成，柔韧性强，轻便宽松，可以减小空气阻力。在连身服的膝盖、臀部、肘部会进行加厚处理。

滑雪鞋

滑雪鞋由皮革和硬底制成，柔韧性好，以保护脚踝。同时，滑雪鞋需要有较高的鞋腰，鞋腰向前倾，有利于运动员完成跳跃和空中飞行动作。

滑雪板

滑雪板由高强度尼龙纤维等合成材料制成，重量轻，弹性和韧性强。滑雪板的板底装有雪槽，以增强滑行时的稳定性。

141

北欧两项的比赛场地由跳台滑雪场地和越野滑雪场地组成。

北京冬奥会的跳台滑雪场地位于张家口的国家跳台滑雪中心，它由位于山顶的顶峰俱乐部和位于山下的看台区及两条赛道组成。

北京冬奥会的越野滑雪场地位于张家口的国家越野滑雪中心，场地依山而建，由西向东依次为场馆运营综合区、运动员综合区、场馆技术楼、场馆媒体中心和转播综合区。

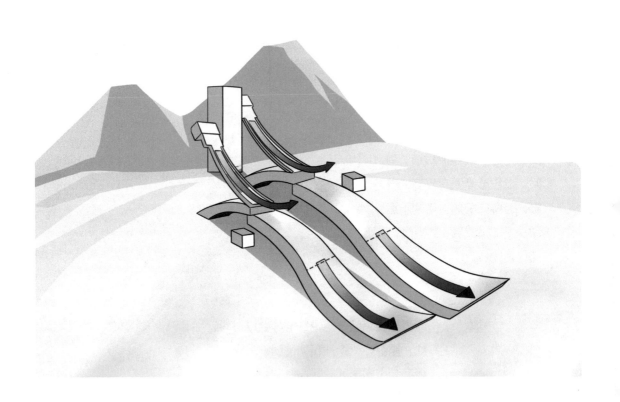

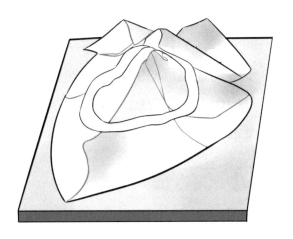

北欧两项是目前为止冬奥会上唯一一个只设男子比赛的项目，比赛主要规则与跳台滑雪和越野滑雪单项比赛规则相同。北欧两项先比跳台再比越野，中间相隔 2~3 小时，以便于运动员恢复体力。

北欧两项个人

个人赛首先根据抽签或积分排名顺序进行跳台滑雪比赛。跳台滑雪裁判对选手的飞行距离和动作姿势进行评分，分数排名决定选手在越野滑雪比赛中的出发顺序和间隔时间，每落后 1 分推迟 4 秒出发。10 千米越野滑雪在 2500 米的区间内滑行 4 圈，最先通过终点线者胜出。

北欧两项团体

团体比赛每队派出 4 名队员，依出场顺序分别佩戴红、绿、黄、蓝号码布，不可更改。先完成跳台滑雪，全队总分排名决定团体第一位运动员在越野滑雪比赛中的出发顺序，每落后 1 分推迟 1.33 秒出发。4×5 千米越野滑雪接力在 2500 米的区间内，每人滑行 2 圈，最先通过终点线队获胜。

跳台滑雪的赛道从出发台到起跳点之间的距离为助滑坡，参赛者在比赛时从助滑坡上急速滑下，类似于我们在跳远时的助跑，到起跳点后整个人猛地冲到半空中，他们可能会在空中飞行很长一段距离，最终落到地面上。

运动员怎样在跳台滑雪时『飞』得更远？

其乐无穷

　　看到运动员们将速度、力量和技术相融合的跳台身姿，你是不是一边对他们的勇敢表现充满了钦佩之情，一边又对他们是如何快速下滑并在空中飞行一段距离的充满了疑惑？在中国科技馆就有一件展品可以解开你的疑惑。赶紧来看看吧！这件展品是"小球旅行记"，它位于中国科技馆二层探索与发现 A 厅。我们知道，根据运动轨迹，运动可以是直线的，也可以是曲线的。曲线运动又包含许多形式，比如生活中常见的曲线运动有车轮、皮带轮等的圆周运动，手枪子弹从枪膛中被射出后所做的抛物线运动，悬挂的物体被拉离平衡位置后释放所做的摆动等，你知道它们为什么能做这些运动，又是如何进行能量转换的吗？

展品"小球旅行记"

　　能量有多种不同的形式，如机械能（动能和势能）、电能、化学能、内能和核能等。

　　能量既不能凭空产生，也不会凭空消失。它只能从一种形式转变为另一种形式，能量的转变是通过做功来实现的。我们把这个转变的过程称为能量转换。能量不仅可以互相转换，还可以互相传递。

　　这件展品由操作装置、小球运动轨道、提升机构、弹射机构、抛物线机构、离心力抛射机构、发电机构、杠杆敲鼓机构、敲琴机构、小球回收机构、小球等构成。当我们每次利用各种操作装置使小球在轨道中进行圆周、抛物线、直线、斜线等运动时，小球就能够完成势能、动能、电能、声能之间的转换。其中，抛物线机构的平抛运动类似于跳台滑雪运动员的起跳动作，小球以一定的初速度沿水平方向被抛出，由于重力作用，小球向下的速度持续增加，重力势能转化为动能。

❶ 准备材料：60 厘米 ×30 厘米的可弯折纸板 1 张、几本书、弹珠、透明胶。

❷ 开始第一个实验。紧挨桌边放置两摞书，一摞书高约 15 厘米，另一摞书高约 30 厘米。

❸ 将纸板的一端用透明胶固定在较矮的一摞书的边缘。另一端靠在较高的一摞书的边缘。

❹ 用一只手固定纸板的边缘使纸板形成具有一定弧度并保持稳定的光滑坡道，另一只手从纸板顶端释放弹珠，弹珠会做怎样的运动呢？

❺ 下面进行第二个实验。将两摞书分开摆放，一摞书高约15厘米，另一摞书高约30厘米。

❻ 将纸板弯曲放在两摞书中间，形成半管形光滑坡道。从较高的一摞书的边缘释放弹珠，这次弹珠会做什么样的运动呢？

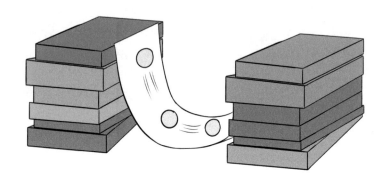

❼ 试着将纸板弯折成其他形状的坡道，从顶端释放弹珠，观察弹珠的运动变化。

第一个实验中，弹珠会沿着坡道滚落到桌子下面的地面上。第二个实验中，弹珠会沿着半管形坡道从上往下再往上滚动、停止，然后循回往复地运动直到停止。这两个实验表明坡道的形状会影响沿坡道运动的物体。第一个实验模拟的是跳台滑雪的助滑坡，第二个实验模拟的是滑板滑雪的半管形滑道。在第一个实验中，当手持弹珠开始做实验时，由于弹珠的位置高于地面，因此它具有重力势能。当弹珠从坡道顶端滚落后，重力势能转化为动能，由于重力作用，弹珠会加速运动，所以在弹珠到达坡道底部时滚得最快，当弹珠从坡道底部边缘掉落时，重力作用又一次使弹珠以越来越快的速度落向地面，然而，由于弹珠仍然具有水平速度，所以它会以弯曲的路线运动，最终落到地面。在第二个实验中，在坡道的底部弹珠的速度也达到了最大值，但是由于坡道的形状，它会继续沿着坡道向上滚动，当弹珠向上滚动时，它的动能就又转化为势能。弹珠速度会变慢直到停止运动，接着又顺着原方向滚落回去，同样的过程重复出现。由于摩擦力的作用，一部分能量转化为热能，使得弹珠最终会停在半管形坡道的底部。

了解更多

跳台滑雪运动员腾空后滑雪板为什么呈"V"字形?

为获得升力，最大化地利用空气动力学原理，运动员在飞行过程中上身要尽量伸展，上身与双腿间稍有弯曲，滑雪板与脚底成锐角。身体和滑雪板应保持 V 字形，两手自然向后。因为这种姿势能提升运动员的升力，使其在空中飞行的距离更远。飞行时，运动员要胆大心细、沉着冷静，这样才能取得良好的成绩。

20 世纪 50 年代，瑞士运动员发明了将手臂向后靠以使身体能极端向前倾斜的新技术。瑞典选手在空中飞行时将滑雪板摆成 V 字，这种被称为"V 字技术"的新姿势非常成功，几乎所有的奖牌得主使用的都是这种技术。

可能有人会觉得奇怪：为什么有些冬奥会项目的名称看起来很"笼统"？就拿这个"冬季两项"来说吧，到底是哪两项运动呢？为什么不一项一项地列出来，而要放在一起呢？让我们一起来了解冬季两项的相关内容吧！

冬季两项是由越野滑雪和射击两项运动结合在一起的冬季运动，在北欧地区十分受欢迎。现代冬季两项起源于 18 世纪，挪威边防军的滑雪射击比赛被视为这项运动的雏形。1960 年，冬季两项在第八届冬奥会上被确定为正式比赛项目。1992 年在第十六届冬奥会上，女子冬季两项也被列为正式比赛项目。参加该项目的运动员既要掌握滑雪技巧并且拥有长距离滑行的耐力，又要具备准确快速的射击能力，还要有快速滑行后可调整心态和呼吸心率的"动静切换"能力，三者缺一不可。

冬季两项

杨楣奇

比赛装备

滑雪帽
冬季两项不戴滑雪头盔，而戴保暖有弹性的绒线帽。

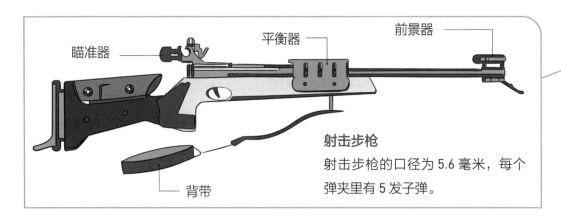

瞄准器

平衡器

前景器

背带

射击步枪
射击步枪的口径为 5.6 毫米，每个弹夹里有 5 发子弹。

滑雪鞋
冬季两项的滑雪鞋和越野滑雪鞋相同，质量较轻，较为舒适。

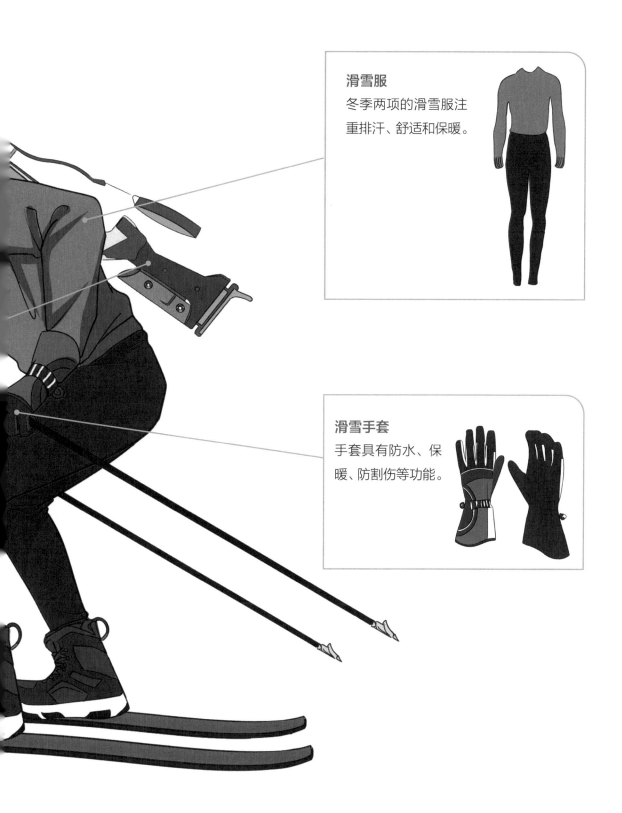

滑雪服
冬季两项的滑雪服注重排汗、舒适和保暖。

滑雪手套
手套具有防水、保暖、防割伤等功能。

冬季两项的越野滑雪路段主要由平路、上坡、下坡组成，路面积雪厚度要在 10 厘米以上。此外，出发区和终点区的宽度至少要 5 米，出发区和终点区附近至少有 50 米的路段必须是平坦的直行路面。

冬季两项的射击区域要设在比较平坦的路段。射击靶的直径为 115 毫米（立射）和 45 毫米（卧射），射击靶台的前沿与靶台线的距离为 50 米。

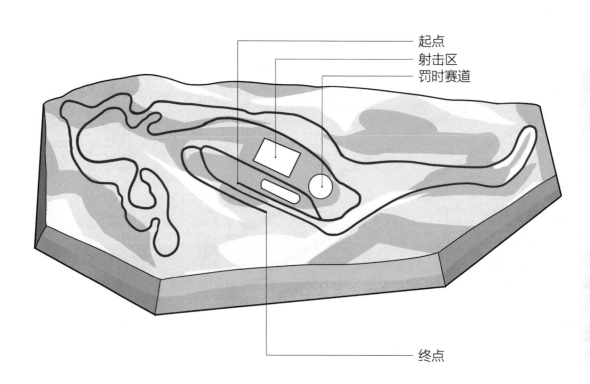

起点

射击区

罚时赛道

终点

看懂输赢

2 次射击 ▮▮
4 次射击 ▮▮▮

冬季两项按比赛类别可以分为个人比赛、短距离比赛、追逐比赛、集体出发比赛、接力比赛和混合接力比赛。

个人比赛 ▮▮▮

运动员以 30 秒的时间间隔依次出发，每个运动员要进行 4 次射击，每次 5 发子弹。每脱靶一次，将增加 1 分钟滑行罚时。

短距离比赛 ▮▮

运动员的出发顺序和个人比赛的顺序一样，射击为 1 次卧射和 1 次立射。每脱靶 1 次，将加滑 1 圈（150 米）。

双追逐比赛 ▮▮▮

追逐比赛按短距离比赛成绩排序，成绩最好的第一个出发，以此类推。途中进行 4 次射击，每脱靶 1 次，将加滑 1 圈（150 米）。

集体出发比赛

集体出发比赛中，运动员都在自己的出发号码处等待，发令枪响后同时出发。比赛共有 4 次射击，射击动作和惩罚方式同追逐比赛的一样。

接力比赛

接力比赛中每个队有 4 名选手，男子接力比赛中每个队员需要滑行 7500 米，女子接力比赛中每个队员需要滑行 6000 米。每个队员比赛时射击两次，每次 5 发子弹，如果运动员未能全部射中，射失 1 发则加滑 1 圈。

混合接力比赛

混合接力比赛中每队男女选手各 2 名，女子选手每人滑行 6000 米，男子选手每人滑行 7500 米。每名选手射击 4 次，女选手先出发。惩罚措施和接力比赛的一样。

每次去滑雪场玩完我都很累，这是一项很消耗体力的运动，而射击是需要高度集中精神才能完成的项目。冬季两项运动员是怎么做到滑雪—射击—滑雪来回切换的呢？这也太厉害了吧！

其乐无穷

或许你也有同样的疑问，这就好像在学校举行的趣味运动会上让选手进行 100 米冲刺后再投掷飞镖，是不是感到心跳加速，很难集中精力瞄准呢？

在中国科技馆探索与发现 B 厅有一件展品可以测试心跳，我们一起来看看吧！

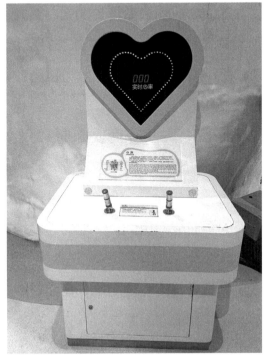

展品"心跳"

展品"心跳"是由手柄和屏幕组成的，参观者可握住手柄后静待数秒，从屏幕中观看自己的静止心率。

我们的心脏每时每刻都在跳动，这也意味着心肌在不断地做收缩和舒张运动。当心肌收缩时，血液通过动脉流出被输送到全身；心肌舒张时，静脉血管的血液又回流到心脏。在安静状态下，成人的心率为 60~100 次 / 分，运动员的心率比普通成人慢，一般为 50 次 / 分左右。这个静止心率最好是在早上刚清醒时，或者是在绝对安静的状态下测得。

原来如此

运动员在长期专业训练中，心肌收缩能力增强，心肌的毛细血管密度增加，心肌也会变得更加粗壮有力。在安静状态下，运动员每分钟心脏跳动的次数往往会比较少，我们可以理解为心脏不需要很"用力"就可以将血液运送至全身。

再回到运动项目上来看，冬季两项中的越野滑雪属于高强度耐力运动，对运动员的耐力要求极高，我们可以把越野滑雪理解为雪上"马拉松"。运动员们经过长期的专业科学训练，心脏的泵血能力更强，恢复的速度也相对更快，完全可以在越野滑雪运动的间歇时刻进入到射击状态。当然，运动员还要具备良好的心理素质，在比赛中克服紧张情绪，这样才能取得更好的成绩。

动手动脑

❶ 准备一根跳绳、一块电子表或者秒表、舒适的运动装和运动鞋、沙包、球篮、纸笔或是用来记录成绩的手机。

❷ 用沙包投篮 10 次，投篮后测试 1 分钟内的脉搏跳动次数，也可只测试 10 秒内的脉搏跳动次数，用相应的数字乘以 6。

❸ 进行 1 分钟快速跳绳。

❹ 跳绳后，立刻投掷沙包 10 次，并感受心率带给运动状态的变化。

　　体验完后请思考，你觉得"动""静"切换难吗？如果想要更轻松地完成动静切换，需要做什么呢？

了解更多

什么是最大摄氧量?

　　最大摄氧量是指人体在进行最大强度的运动时能够摄入的氧气含量。这个指标是对耐力运动员的重要选材依据之一，也是反映人体有氧运动能力的重要指标。影响最大摄氧量的因素主要有先天条件、训练效果、年龄等。女性与男性相比，最大摄氧量数值略低一些。随着年龄的增长，最大摄氧量也会逐渐降低。在运动员最大摄氧量排行榜中，越野滑雪、自行车、越野跑、马拉松等项目的运动员经常排在前几位。

　　对于普通人来讲，可以通过专业运动手表来测试自己的最大摄氧量，以此作为自身运动表现的评价参考。